**Gebrauchsanweisung
für Iran**

Bita Schafi-Neya

Gebrauchsanweisung
für Iran

PIPER

Mehr über unsere Autoren und Bücher:
www.piper.de

Für meinen Mann
Martin K. Burghartz

ISBN 978-3-492-27718-1
© Piper Verlag GmbH, München 2018
Redaktion: Matthias Teiting, Leipzig
Karte: cartomedia, Karlsruhe
Satz: Fotosatz Amann, Memmingen
Herstellung: Sieveking · Agentur für Kommunikation, München
Druck und Bindung: CPI books GmbH, Leck
Printed in the EU

Inhalt

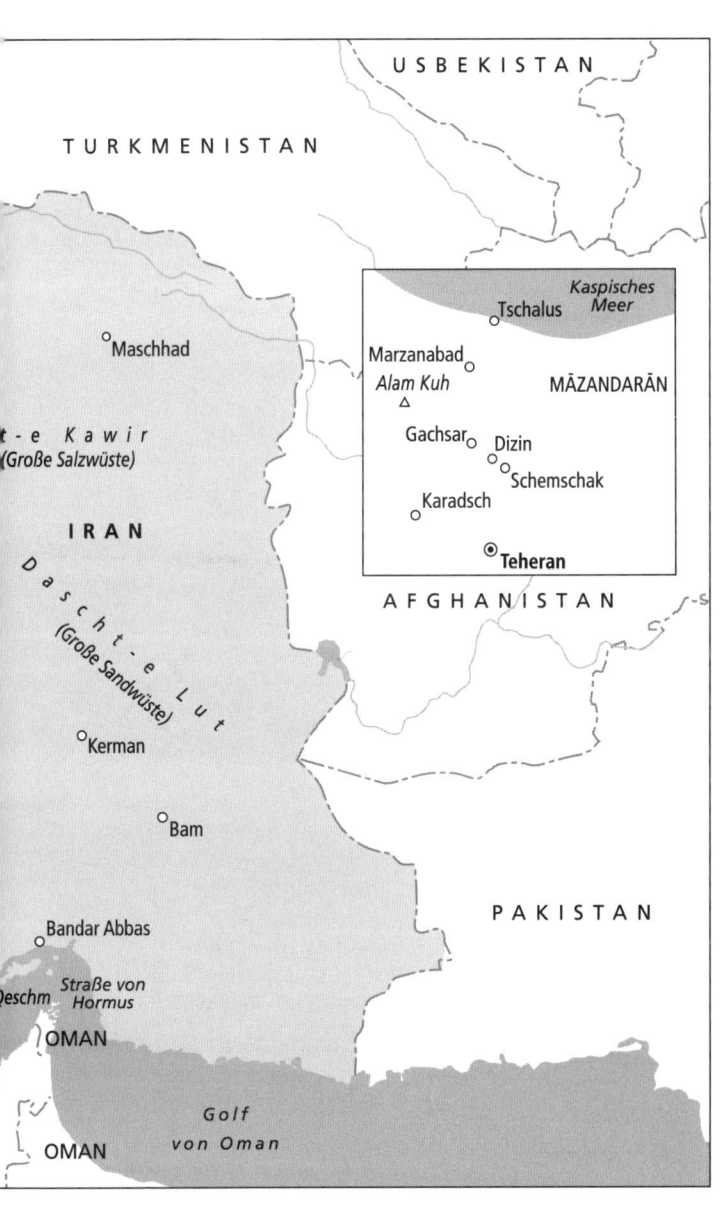

Vorwort

»Wie? Mit dem Auto nach Teheran?« Mein Gatte schaute mich überrascht an. Es war im Frühjahr 2015, als ich den Wunsch äußerte, einmal mit dem Auto nach Iran zu reisen. Er war – nach kurzem Nachdenken – begeistert von dieser Idee. Vier Monate brauchten wir für die Planung, bis wir dann im Juli mit einem vollgepackten Volkswagen Tiguan losfuhren. Sechs Wochen, vierzehn Länder, 10 000 Kilometer hin und zurück, unsere achtjährige Tochter Mina auf dem Rücksitz. Und um 15 000 Euro erleichtert, die wir als Sicherheit beim ADAC für ein »Carnet de Passage« hinterlegt hatten und die wir zurückkriegen sollten, wenn wir den Wagen nicht in Iran verkauften.

In unserem Freundeskreis stieß unser Vorhaben auf Fassungslosigkeit: Viel zu gefährlich, zu anstrengend, ganz schön mutig – so lauteten die Kommentare. Doch für uns wurde es eine der beeindruckendsten Reisen, die wir je unternommen haben. In Iran selbst hatten wir das Gefühl, als einzige Ausländer unterwegs zu sein, zudem noch als Einzige, die ein Dieselfahrzeug fuhren. Zu Hause verfolgten täglich Hunderte unseren Weg anhand der Bilder, die mein Mann auf Facebook postete. Noch heute werden wir auf unser Abenteuer angesprochen.

Ich habe mich bereits als Kind stark mit Iran verbunden gefühlt. Mein Vater hatte in Teheran Medizin studiert und war Ende der 1950er-Jahre nach Deutschland gegangen, um seine Facharztausbildung zu machen. Durch seinen Freund Ali lernte er meine Mutter kennen und lieben. Sie heirateten und beschlossen nach langem Hin und Her, in Deutschland zu bleiben. So kam es, dass ich hier aufgewachsen bin. Dennoch fühle ich mich in meiner zweiten Heimat – trotz der Einschränkungen und Repressionen dort – geborgen und zu Hause, was sicherlich ein Grund dafür ist, dass ich meinem Vater sehr verbunden war und es auch nach seinem Tod noch bin. Nach unserer Autoreise musste ich an eine in Iran gebräuchliche Redewendung denken: »Dein Platz war leer.« So sagt man auf Farsi, wenn man jemanden bei einem tollen Ereignis oder einer Reise sehr vermisst hat.

Mindestens einmal im Jahr fliege – oder fahre – ich in meine zweite Heimat, weil meine Sehnsucht einfach zu groß ist. Während des Ersten Golfkrieges von September 1980 bis August 1988 wurden die Reisen so gut wie unmöglich, und erst im März 2002 flog ich wieder hin – gemeinsam mit meinem Mann ging es auf Hochzeitsreise. Damals begegneten uns auf den Straßen noch viele Frauen im Tschador, inzwischen ist das Land bunter geworden, zumindest in der Hauptstadt Teheran. Die sozialen Netzwerke haben insbesondere die Jugendlichen verändert. Durch Smartphones, Facebook, Twitter und Imo haben sie neue Impulse bekommen. In den westlichen Medien wird das Land oft sehr einseitig dargestellt – es ist fast ausschließlich von den Mullahs, den Hasstiraden gegen die USA und Israel, von den unterdrückten Frauen die Rede. Tatsächlich ist vieles an der Islamischen Republik zu kritisieren, und wer dorthin reist, muss mit einigen Einschränkungen zurechtkommen. Auch Touristinnen müssen Kopftuch tragen und auf eng anliegende Kleidung verzichten. Ein Glas Wein oder ein kühles Bier sind auf legalem Weg nicht zu bekommen, Strandferien im Bikini sind undenkbar. Dafür sind die Menschen sehr aufgeschlossen, gastfreundlich und herzlich. Iraner freuen sich über ausländische Besucher und schließen gern neue Freundschaften mit Fremden.

Mit seinem schlechten Image lag das Land lange Zeit im Dornröschenschlaf. In den vergangenen Jahren ist jedoch ein kleiner Reiseboom nach Iran zu verzeichnen. Von fünf auf zwanzig Millionen soll die Zahl der jährlichen Besucher in den nächsten zehn Jahren steigen, prophezeien Tourismusexperten. Viele Besucher kommen aus den Nachbarländern wie der Türkei, Aserbaidschan oder Afghanistan. Sie kommen als Pilger, um die religiösen Stätten in Iran zu besuchen, oder als Patienten, die sich von gut ausgebildeten Ärzten zu preisgünstigen Konditionen behandeln lassen. Der klassische Kulturtourismus folgt bisher erst auf Platz drei – vor allem ältere Bildungsreisende oder junge Rucksacktouristen erkunden das Land. Iran ist also trotz des Booms noch immer ein touristisch eher unerschlossenes Land – was seinen Reiz ausmacht. Und unter den Vorzeichen der amerikanischen Außenpolitik unter Präsident Trump und der damit einhergehenden wieder repressiven Sanktionspolitik werden die ganz großen Touristenströme wohl noch auf sich warten lassen. Das ist schlecht für die Wirtschaft und die Menschen in Iran, aber gut für die Touristen, die sich für eine Hochkultur ohne Stress und Nepp interessieren.

In Iran ist der Basar noch der Basar, die unzähligen kulturellen Highlights sind mitnichten überlaufen, die Iraner freuen sich wirklich über Besuch. Kreuzfahrtschiffe und sich ungehörig benehmende Touristengangs sind praktisch unbekannt – kurz: Iran ist authentisch, ein Land, keine Kulisse. Es gibt hier so viele verkannte, so viele unbekannte Dinge, und ich hoffe, dass sich der ein oder andere Leser, die ein oder andere Leserin auf den Weg macht, sie zu entdecken. Es muss ja nicht gleich mit dem Auto sein.

Buntes Teheran

Immer wenn ich in der Wohnung meiner Freundin Marzieh bin und aus dem Schlafzimmerfenster schaue, blicke ich direkt auf traumhaft schöne Berge. Teheran breitet sich an den Hängen des Elburs-Gebirges aus. Die meist schneebedeckten Gipfel der vorderen Bergkette sind bis zu 3300 Meter hoch und prägen das Stadtbild. Etwa sechzig Kilometer nordöstlich liegt der Damāwand. Mit seinen gut 5600 Metern ist der erloschene Vulkan der höchste Berg Irans. Ein atemberaubender Anblick, der niemanden kalt lässt. Und ganz ehrlich: In welcher Stadt kann man einen Berg auf Skiern hinabfahren, um dann bei dreißig Grad über einen orientalischen Markt zu schlendern?

Eine Reise nach Iran beginnt meist in der Hauptstadt Teheran, der pulsierenden Metropole am Fuße des Elburs-Gebirges. Die Stadt ist jung, agil, aufgeschlossen und ziemlich westlich geprägt. Vom Islam merkt man hier auf den ersten Blick nicht viel, anders als beispielsweise in Istanbul, wo an jeder Straßenecke der Ruf eines Muezzin von einem Minarett ertönt. Die Frauen sind nicht schwarz verhüllt, alles andere als das: Sie sind bunt gekleidet, modisch mit schönen Handtaschen, wundervoll geschminkten Gesichtern, auf dem Kopf ein kleines farblich passendes Tuch, das die Haare vielleicht zur Hälfte bedeckt. Sie sind gebildet und attraktiv, aber auch eitel und versessen auf Statussymbole. Nasenoperationen sind besonders prestigeträchtig. Junge Iranerinnen stellen gern ihre neu modellierten Gesichtszüge zur Schau, und etliche Frauen tragen die weißen Pflaster deshalb noch lange nach dem Eingriff. Unter manchen Pflastern verbirgt sich nicht einmal eine operierte Nase! Selbst in einigen Geschäften tragen die Schaufensterpuppen weiße Streifen auf ihren Nasenrücken, und auch die Männer greifen tief in die Tasche und lassen sich ihre Nasen für 2000 bis 3000 Euro richten.

Iranerinnen haben schon immer viel Wert auf ihr Äußeres gelegt – weil sie einfach schön sein wollen. Aber wie man sich kleidet, wie stark geschminkt man das Haus verlässt, das hat schon lange auch eine politische Dimension. Dazu später mehr.

Mit knapp fünfzehn Millionen Einwohnern leben etwa zwanzig Prozent der iranischen Gesamtbevölkerung in Teheran. Ende der 1960er-Jahre waren es noch lediglich 4,5 Millionen. Mit der Bevölkerung ist auch das Verkehrsnetz rasant gewachsen: Auf mehr als 600 Kilometern Stadtautobahn und teils sechs- bis achtspurigen Straßen schieben sich Unmengen von Autos durch die Stadt. Es scheint unmöglich, in diesem Chaos sein Ziel heil zu erreichen, aber es funktioniert, wenn auch nach den Teheraner Gepflogenheiten, an die man sich erst einmal gewöhnen muss. Fahrbahnmarkierungen zum Beispiel haben hier eher dekorativen Charakter. Besonders im Kreisverkehr zeigt sich die hohe Kunst des Fahrens, mitunter drängeln sich bis zu zwölf Autos nebeneinander in den Kreis hinein und wieder hinaus. Das Einfädeln wird zur Millimeterarbeit, ständig stehen die Leute im Stau, es wird laufend gehupt. Jedes Mal wenn ich eine der breiten Straßen überqueren muss, kommt es mir vor, als müsste ich eine Mutprobe bestehen.

Inzwischen habe ich gelernt, ohne Probleme auf die andere Seite zu kommen: Ich nehme einfach all meinen Mut zusammen, gehe forschen Schrittes voran und halte dabei meine Hand hoch, um zu signalisieren, dass ich über die Straße möchte. Bisher hat das immer gut geklappt. Es passieren sowieso kaum Unfälle, denn die Regeln sind klar definiert: Wer vorn ist, hat Vorfahrt, und Fußgänger werden grundsätzlich geschont – aggressives Verhalten im Straßenverkehr sieht man eigentlich nie.

Die iranische Hauptstadt ist ein Paradebeispiel eines Großstadtmolochs und versinkt im Smog – besonders in den südlichen Bezirken. Endlose Staulawinen aus uralten, qualmenden Karosserien reihen sich aneinander. An manchen Tagen ist die Verschmutzung so extrem, dass Schulen und Kindergärten geschlossen werden.

Davon abgesehen ist Teheran eine sehr saubere Stadt, in der übrigens keine Hundehaufen herumliegen. Hunde gelten in der iranischen Tradition als unrein und sind verpönt, obwohl heute immer mehr Iraner die Vierbeiner in ihr Herz schließen. Im Norden der Stadt gibt es sogar einen Hundepark, wo sich die Besitzer treffen und gemeinsam Gassi gehen. Dort werden die Haustiere von den konservativen Abgeordneten zähneknirschend geduldet. Doch wehe, man wird mit dem Hund auf der Straße erwischt, dann kann man mit einer Strafe belegt werden. Die Tiere dürfen nicht einmal ihren Kopf aus dem Autofenster halten.

Wenn ich in der Großstadt Teheran unterwegs bin, fahre ich meist mit der Metro. Man erkennt die einzelnen Stationen an einem gelben Symbol mit einem schwarzen Zeichen darauf – es soll wohl eine U-Bahn darstellen. Das Netz ist sehr gut ausgebaut, inzwischen gibt es vier Linien, weitere sind geplant. Und die Metro ist modern – alle paar Minuten kommt eine Bahn. Ellenlange Schächte führen hinunter bis tief in die Erde: endlose Rolltreppen, Marmorfliesen, riesige Werbetafeln. London, Paris, Teheran – auf den ersten Blick sieht man zumindest auf dem Weg zur U-Bahn keinen Unterschied. Die Zugänge zu den Bahnsteigen sind durch Schranken versperrt, ohne gültiges Ticket lassen sie sich nicht öffnen. So kommt man wenigstens nicht in Versuchung schwarzzufahren. Eine Fahrt kostet gerade einmal vierzig Cent, womit die iranische Metro – im Gegensatz zur deutschen U-Bahn – ein äußerst günstiges Fortbewegungsmittel ist. Am besten besorgt man sich eine Chipkarte, die immer wieder aufgeladen werden kann und auch in den Bussen gültig ist.

Täglich werden mehr als zwei Millionen Passagiere befördert. Für Frauen sind die ersten beiden und letzten beiden Waggons reserviert – *Women only* steht in Englisch auf den Scheiben. In den anderen Abteilen können Männer und Frauen gemischt sitzen. Das klingt etwas paradox, wenn man bedenkt, dass sie in den Bussen wiederum getrennt werden, aber so ist nun mal die Regel.

Die Passagiere sitzen sich auf roten oder blauen Bänken gegenüber. Ringsherum erklingen Handytöne, fast jeder schreibt Kurznachrichten oder surft, da es auch in der U-Bahn Internet gibt. Einige Frauen tragen riesige, schwere Säcke auf ihren Schultern, denn die Teheraner Metro ist gleichzeitig auch ein Basar. Hier gibt es alles zu kaufen: Socken, Handtücher, Putzmittel, Spielzeug, Feuerzeuge – und in den Frauenabteilen auch Unterwäsche oder BHs. Manche Fahrgäste fühlen sich von den Verkäuferinnen belästigt, ich persönlich finde diese Art von Flohmarkt sehr praktisch und habe schon das ein oder andere Nützliche dort gefunden.

Manche Freunde von mir empfinden Teheran als anstrengend, aber ich liebe die Stadt. Der Donnerstag entspricht dem Samstag in Deutschland, deshalb fahren viele Iraner an diesem Tag schon mittags hinauf in die Berge, um das Wochenende dort zu verbringen.

Etwa eine Stunde Autofahrt von Teheran entfernt liegt ein Skigebiet. Je höher man kommt, desto schmaler werden die Straßen, bis schließlich von den sechs bis acht Spuren nur noch ein serpentinenartiger Weg übrig ist, der zum Fuß des Totschāl führt, dem sogenannten Hausberg Teherans. Knapp 4000 Meter hoch ist der Berg und bestens geeignet zum Skifahren. An der Talstation kann man sich für umgerechnet dreißig Euro eine komplette Ausrüstung leihen: Skier, Skihose, Jacke und Schuhe, Handschuhe und Skibrille – natürlich alles hochmodern, nach westlichem Vorbild. Ein Skipass für den ganzen Tag ist für circa zwölf Euro zu haben.

Für europäische Verhältnisse ist das sehr günstig, in Iran ist Skifahren allerdings absoluter Luxus. Ein Arbeiter verdient im Durchschnitt 250 Euro im Monat, und selbst ein Angestellter hat oft nicht mehr als 400 Euro monatlich zur Verfügung. Auf den Pisten vor den Toren Teherans treffen sich das liberale Bürgertum und die Oberschicht des Landes: junge Professoren, Ärzte, Anwälte, Kaufleute und ihre Kinder. Viele von ihnen sprechen sehr gut Englisch oder Deutsch, denn sie haben im Ausland studiert. Mit den Machthabern wollen sie möglichst wenig zu tun haben, sie sind enttäuscht von den sogenannten Reformern und erst recht von der konservativen Regierung. Kommt man mit ihnen ins Gespräch, sprechen sie ganz offen über Politik und nehmen kein Blatt vor den Mund.

Inzwischen fahren im Winter auch viele Touristen aus dem Ausland zum exotischen Skivergnügen hinauf auf die Gipfel, die so hoch sind wie die Alpen. Im Sommer zieht es immer mehr junge Iraner zum Klettern in die Berge. Eine 2012 neu errichtete, große Berghütte auf dem Damāwand bietet auf 4200 Metern Höhe Unterschlupf. Wandern und Bergsteigen haben eine lange Tradition in Iran – vor allem Frauen haben den Klettersport seit der Islamischen Revolution für sich entdeckt. Denn oben in den Bergen können sie wunderbar durchatmen, fernab vom Dauersmog der Stadt. Vor allem aber haben sie ihre Ruhe vor den Sittenwächtern: Für die jungen Iranerinnen ist das Skifahren eine ideale Gelegenheit, den strengen Moral- und Kleidervorschriften für ein paar Stunden zu entkommen. Oben auf dem Berg gibt es niemanden, der sich um das unter der Wollmütze oder dem Skihelm hervorguckende Haar, das exzessive Make-up, die zu kurzen Skijacken oder das Händchenhalten der jungen Liebespaare kümmert.

Meine Freunde und ich wollen Skilaufen. Eine Gondelbahn, die noch aus der Schah-Zeit stammt und eine Weile mit zwölf Kilometern die längste der Welt war, führt uns hinauf. Zweimal müssen wir umsteigen, bis wir auf dem Gipfel des Totschāl angelangt sind. Auf 3900 Metern erwartet uns gleißender Schnee und ein atemberaubender Blick auf Teheran. Die Lifte surren wie in den Schweizer Alpen, die Pisten sind gepflegt, in den kurzen Wartezeiten am Skilift herrscht reger kommunikativer Austausch (»Wo kommst du her, wie gefällt es dir?«), und es hagelt wie immer in Iran herzlich gemeinte Einladungen. Das Skigebiet von Totschāl ist zwar nicht besonders groß, aber dennoch nicht überlaufen. Bis in den Mai oder Juni hinein sind die Pisten noch in bestem Zustand. Beseelt schwingen wir abwärts, über unseren Köpfen schweben lila Gondeln mit Milka-Schokoladenwerbung.

Die jungen Städter sind genauso gekleidet wie alle Europäer in den alpinen Skigebieten. Sie genießen es, hier auf dem Totschāl an einem der wenigen Orte zu sein, an denen sie die Grenzen der Scharia-Gesetze nicht nur ausreizen, sondern auch überschreiten können. Pärchen kuscheln sich im Schnee aneinander und tauschen heimlich Küsschen aus. In einer Berghütte am Fuße der Piste stillen sie ihren Hunger mit leckerem iranischen Hüttenschmaus: Omelette mit Essiggurken und Pommes, Linsensuppe oder Kebab mit Reis. Gegessen wird an großen Holztischen, die vor roten Kunstlederbänken stehen. Die Frauen ziehen ohne Scham ihre Skiklamotten und Mützen aus. Ein iranischer DJ legt flotten Perser-Techno auf, und angeblich gibt es an den Wochenenden sogar verrückte Partys auf den Skihütten, auf denen Alkohol ausgeschenkt wird. Willkommen in der Islamischen Republik Iran! Vermutlich wird es Zeit, einige unserer westlichen Vorurteile gegenüber diesem Land zu überdenken.

Teheran liegt 1200 Meter über dem Meeresspiegel und ist – trotz der von Autoabgasen verpesteten Luft – eine sehr grüne Stadt, in der man herrliche Spaziergänge machen kann. Die Straßen sind von Bäumen gesäumt. Neben den Bordsteinen verlaufen Rinnen, über die einst ein Teil der Stadt mit Wasser versorgt wurde. Heutzutage wird dieses Wasser von den Stauseen geliefert, und die Bordsteinbächlein haben die liebenswerte Aufgabe erhalten, die Straßenbäume zu wässern.

Mitten im Zentrum von Teheran liegt der Lāleh-Park, eine grüne Lunge, die vor allem ein beliebter Treffpunkt für Schachspieler ist. Die Iraner beherrschen dieses Spiel ausgezeichnet, schließlich ist Iran das Geburtsland dieses Brettspiels. Schon als kleines Kind habe ich die Regeln von meinem Vater gelernt; regelmäßig holte er sein Schachbrett aus Holz mit wunderschönen Intarsien aus dem Regal und spielte mit mir. Schach – was im Persischen *Schatrandsch* heißt – wurde erstmals um 600 vor Christus erwähnt. Es gibt verschiedene Theorien über den Ursprung des Spiels. Viele sehen ihn in Indien, aber in Iran wurden nachweislich die Regeln definiert; von hier aus hat sich das Schachspiel verbreitet. Die Araber haben es dann im 10. Jahrhundert nach Spanien gebracht, und im Mittelalter entwickelte es sich zum beliebtesten Denkspiel Europas.

Nicht weit vom Lāleh-Park entfernt, circa zehn Kilometer in Richtung Norden, liegt die reizvolle Tabiat-Brücke (wörtlich übersetzt »Naturbrücke«). Mit insgesamt 2000 Tonnen Stahl und 10 000 Kubikmeter Beton ist sie ein architektonisches Meisterwerk, welches nur zu Fuß überquert werden kann. 2014 wurde die Brücke eröffnet – entworfen hatte sie die damals erst 31-jährige Architektin Leila Araghian. Sie führt über einen Highway und verbindet zwei Parkanlagen miteinander: den Taleghani-Park und den Ab-o-Atasch-Park (iranisch für »Wasser-und-Feuer-Park«). Frau Araghian habe mit der Brücke nicht nur eine Verbindung zwischen zwei Punkten entwerfen wollen, erklärte sie in einem Interview mit Al Jazeera: »Es ist üblich, dass Brücken geradlinig entworfen werden. Und gerade Linien fordern quasi dazu auf vorwärtszugehen. Ich hatte aber den Wunsch, dass die Menschen auf meiner Brücke bleiben. Die Brücke ist nicht nur eine Struktur, die zwei Punkte miteinander verbindet, sondern auch ein Ort, an dem Menschen sich aufhalten und Spaß haben können.«

Es erfülle sie mit großer Freude, dass die Umsetzung ihrer Version so gut gelungen sei, zumal die Tabiat-Brücke ihr erstes Projekt gewesen ist. Von iranischen Architekturkennern wird das Bauwerk bereits als drittes Wahrzeichen der Hauptstadt nach dem Azadi-Turm und dem Borj-e Milad (dem Fernsehturm) gehandelt. Am Tag hat man von der 270 Meter langen Brücke aus einen wunderbaren Blick auf die Berge, und bei Nacht leuchtet sie in wechselnden Farben – ein echter Augenschmaus. Allerdings lassen die kulinarischen Begebenheiten auf der Brücke etwas zu wünschen übrig: Entweder sind die Restaurants teuer, oder man muss sich mit Fast Food zufriedengeben. Dennoch sollte man unbedingt einen Spaziergang auf ihr einplanen.

Wenn ich mit meiner Familie Urlaub in Teheran mache, gehen beziehungsweise fahren wir mindestens einmal auf den Borj-e Milad. Das Gebäude ragt 435 Meter in den Himmel und ist damit der höchste Turm des Landes. Zu dem Komplex gehören auch ein Fünfsternehotel, Galerien sowie ein Delfinarium – angeblich das größte und höchstgelegene der Welt. Während der Shows haben 1200 Besucher dort Platz. Insgesamt zwölf Stockwerke hat der Turm. Man kann mit einem ultraschnellen Glasaufzug auf die verschiedenen Ebenen fahren, oder man steigt die 1866 Stufen hinauf. Im Dezember 2017 gab es zum zweiten Mal einen internationalen Treppenlauf-Wettbewerb, an dem sowohl Männer als auch Frauen teilnahmen und mit Preisgeldern im vierstelligen Eurobereich belohnt wurden. Ich persönlich fahre lieber mit dem Fahrstuhl bis auf 276 Metern Höhe und setze mich dort ins Restaurant. Es dreht sich um die eigene Achse, und man hat einen wunderbaren Blick auf die gesamte Metropole.

Zu meinen Lieblingsorten in Teheran gehört der Dschamschidieh-Park ganz in der Nähe des Schah-Palastes – dort gibt es künstliche Wasserläufe, einen Wasserfall und einen See. Entlang der Wege stehen stabile Fitnessgeräte, an denen ich gern trainiere. Sie sind kostenlos und auch für Frauen zugänglich. Apropos Sport – es gibt sogar Parks, in denen nur weibliche Besucher willkommen sind! An den Eingängen stehen Frauen in blauen Uniformen und mit weißen Stoffhandschuhen und beobachten ganz genau, wer hier ein und aus geht. Die Öffnungszeiten sind allerdings begrenzt, damit die freizügig gekleideten Damen auf keinen Fall mit den männlichen Gärtnern zusammentreffen.

Wenn jedoch der heilige Fastenmonat Ramadan beginnt, dann sind die Parks und Straßen in den Städten wie leer gefegt. Eine harte Angelegenheit: Von Sonnenaufgang bis Sonnenuntergang dürfen alle Muslime, die physisch dazu in der Lage sind, weder essen noch trinken. Je nach Jahreszeit können das bis zu fünfzehn Stunden sein. In diesem Zeitfenster sind das Essen und Trinken in der iranischen Öffentlichkeit auch per Gesetz verboten. Ich kann mich noch genau daran erinnern, wie ich vor einigen Jahren mit meiner damals fünfjährigen Tochter durch Teheran lief. Sie hatte Hunger, und so versuchte ich, in einem Restaurant etwas zum Essen zu bekommen. Doch Fehlanzeige – nirgendwo hatten wir Glück, und so sind wir mit knurrendem Magen wieder nach Hause gegangen. Falls Sie also eine Reise nach Iran planen, erkundigen Sie sich vorab vielleicht besser nach der Fastenzeit.

Oft mache ich am Wochenende einen Ausflug nach Darband, ein beliebter Luftkurort im Norden von Teheran. Zwischen Felsen und Wasserfällen reiht sich ein Restaurant an das andere, flankiert von zahlreichen Teehäusern. In vielen iranischen Restaurants sitzt man auf Podesten, die etwa einen halben Meter hoch sind. Bevor man diese Erhöhung aus Holz betritt, werden die Schuhe ausgezogen, und dann hockt man sich auf einen rot gemusterten Teppich unter einem Baldachin, der die Sonne und selten auch den Regen abfängt. Für Anfänger ist das Essen auf dem Boden vielleicht etwas ungemütlich – mein Mann kommt damit auch nicht ganz klar, aber der Kebabspieß, der leuchtend gelbe Safranreis und die Grilltomate, die rohen Zwiebeln und die vielen Kräuter entschädigen ihn jedes Mal für die eingeschlafenen Füße.

Doch nach Darband kommt man vor allem, um sich in der Natur zu erholen. Ein Sessellift schaukelt über den Bäumen, ein Spazierweg führt in die Berglandschaft, ein Bach plätschert durch ein kleines Tal, an dessen Ufer Familien auf bunten Decken sitzen. Die Frauen und Männer genießen den Schatten, rauchen *Ghaylun* (Farsi für »Wasserpfeife«), trinken Tee, essen Datteln. Hier oben in den Bergen kann man den Stress der Hauptstadt wieder einmal für ein paar Stunden vergessen. Die Luft ist zwar extrem dünn, aber klar und frisch. Und man hat auch von hier einen fantastischen Blick auf Irans Hauptstadt. Ich freue mich jedes Mal, wenn ich dort oben auf einer Bank sitze und meine Lungen mit der frischen Luft füllen kann. Dann merke ich, wie mein Puls sich senkt und ich zur Ruhe komme. Und zugleich spüre ich schon wieder den Drang, mich in das wilde Treiben Teherans zu stürzen.

Auf Brautschau im Stau

Wenn am Donnerstagabend das Wochenende beginnt, verwandelt sich die Valiasr-Straße in eine Kontaktbörse. Sie zieht sich über mehr als zwanzig Kilometer vom Norden bis in den Süden von Teheran. Am Hauptbahnhof beginnend, der übrigens in den 1930er-Jahren von deutschen Architekten erbaut wurde, endet sie an den schneebedeckten Gipfeln des Elburs-Gebirges. Angeblich ist die Valiasr-Straße die längste innerstädtische Autobahn der Welt. Hier bewegen sich Menschen aus allen Schichten der Gesellschaft: Mullahs,

Taxifahrer, Mütter mit ihren Kindern, Schuhputzer, Prostituierte und Dealer. Die Straße ist neben dem Großen Basar das umtriebige Geschäftszentrum von Teheran. Für Jugendliche und junge Erwachsene ist die Valiasr-Straße ein beliebter Ort, um einander näher kennenzulernen. Denn seit der Islamischen Revolution von 1978/1979 gibt es keine Diskotheken mehr im Land, private Partys und Alkohol sind streng verboten. Also machen sich die jungen Leute für den Abend schick und fahren mit dem Auto über den Prachtboulevard.

An dieser Stelle vielleicht ein Blick auf die Gesetze: In Iran gilt seit der Islamischen Revolution die Scharia als rechtliche Grundlage. Die Scharia beschreibt einen deutlich gefassten religiösen Weg, in dem die Gesamtheit aller rechtlichen und religiösen Normen zusammengefasst ist. Es ist kein fest gefügtes Rechtssystem, sondern ein Regelwerk, welches sich im ständigen Wandel befindet und daher in den muslimischen Staaten durchaus unterschiedlich angewendet wird. Auch andere Religionen wie die christliche oder jüdische Religion haben den Begriff Scharia schon verwendet. Im Falle der islamischen Tradition werden die Handlungen der Gläubigen in die sogenannten fünf Beurteilungen unterteilt: *Fard* – die Pflicht; *Mandüb* – das Erwünschte; *Halal* – das Erlaubte; *Makrüh* – das Verpönte; *Haram* – das Verbotene. Die praktische Umsetzung funktioniert auch innerhalb eines Landes von Region zu Region unterschiedlich: In der Stadt geht es liberaler zu, auf dem Land erheblich strenger.

Nach iranischem Recht kann sich ein Mann jederzeit ohne Angabe von Gründen scheiden lassen. Vor Gericht zählt die Aussage der Frau nur halb so viel, und sie erbt im Todesfall auch nur die Hälfte. Außerdem bekommt der Mann automatisch das Sorgerecht für die Kinder. Allerdings ist der Ehemann dazu verpflichtet, im Falle einer Scheidung der Frau das Brautgeld, »Unterhalt und eine angemessene Ausstattung« zur Verfügung zu stellen.

Überhaupt spricht die Wissenschaft von einer Polarisierung der islamischen Autoritäten und damit einem breiten Spektrum verschiedener Ansätze. Das heißt: Eine einzige gültige Scharia gibt es nicht, nur mehr oder weniger populäre Auslegungen. In Iran werden Verstöße in der Regel mit Geldstrafen oder im schlimmsten Fall mit Gefängnisstrafen geahndet. Meistens geht es den Sittenwächtern um das Alkoholverbot, das Kopftuchgebot und den verpönten Austausch von Zärtlichkeiten in der Öffentlichkeit. Während allerdings in diesen Fällen eine relativ liberale Praxis allmählich Raum gewinnt, verstehen die Mullahs in Sachen Rauschgift und Drogen überhaupt keinen Spaß. Hier baumeln schon mal Drogendealer an Kränen.

Generell kennt die muslimische Welt verschiedene Glaubensrichtungen, wobei Sunniten und Schiiten die zwei größten Gruppen bilden. Die iranische Bevölkerung ist zu fast neunzig Prozent schiitisch, nur rund acht Prozent sind Sunniten. Weltweit hingegen machen die Schiiten nur zehn Prozent der Muslime aus, die Sunniten etwa neunzig Prozent.

Die Sunniten bezeichnen sich als »die Anhänger des Brauchs«, arabisch *Sunna*, und orientieren sich am ersten Nachfolger Mohammeds. Dies geschieht in Abgrenzung zu den Schiiten, deren Auffassung nach nur Mohammeds Cousin und Schwiegersohn Ali sowie dessen Nachkommen das Recht hätten, den Imam zu stellen, also das politische Oberhaupt aller Muslime. Heutzutage unterscheiden sich die Sunniten in ihrem Glauben und in der religiösen Praxis kaum von der Mehrheit der Schiiten, allerdings gibt es in beiden Hauptrichtungen des Islams verschiedene Rechtsschulen und Orden.

Obwohl die beiden muslimischen Strömungen sich in den zentralen Glaubensinhalten wenig unterscheiden, haben sie sich infolge politischer Differenzen auseinanderentwickelt. Die iranische Verfassung gesteht den Sunniten eigene Rechte und Freiheiten zu. Allerdings werden von sunnitischer Seite oft Drangsalierungen beklagt, etwa im Zusammenhang mit dem Sprachunterricht oder dem Bau von neuen Moscheen.

An einem Donnerstagabend bin ich unterwegs mit meinen Freundinnen Marzieh und Roya. Wir sind auf dem Weg zu einer Party im Norden der Stadt. Auf dem Bürgersteig flanieren junge Frauen: Sie tragen kurze, taillierte Mäntel, ihre bunten Tücher haben sie elegant um den Kopf geschwungen. Auch wir haben unsere schönsten Kopftücher aus dem Schrank geholt und tief in die Kosmetiktöpfe gegriffen, um uns auffällig zu schminken, und unsere Fingernägel lackiert. Wir steigen in den Wagen meiner Freundin und fahren los.

Übrigens sieht man auf den Straßen meist nur weiße Fahrzeuge, denn Iraner lieben die Autofarbe Weiß. Nicht nur aus ästhetischen Gründen, sondern auch weil sie behaupten, man könnte sie so besser weiterverkaufen. Meine Freundin fährt natürlich auch ein weißes Auto: einen Paykan – eine bekannte iranische Automarke, die nach einer Lizenz von Ford gebaut wird. Zur Schah-Zeit war dieser Wagen der Traum vieler Iraner. Der Name für das begehrte Fahrzeug ist

auch in Bezug auf die Freiheiten hat sich nichts verändert. Der iranische Präsident mag das Ansehen des Landes im Ausland prägen. Im Innern jedoch ist seine Macht stark eingeschränkt.

Auf der einen Seite blockieren die USA weiterhin mit ihrem weltweiten Einfluss die Aufnahme von Geschäftsbeziehungen. Auf der anderen Seite versickern die Einnahmen des Landes in einflussreichen klerikalen Zirkeln. Auch das von Präsident Rohani vorgelegte Jahresbudget ließ keine Reformabsichten erkennen. So sind die Gründe für die Proteste vielfältig – was bisher aber fehlt, ist eine geschlossene Oppositionsbewegung.

Urlaub in Iran – geht das denn?

Kann man denn überhaupt nach Iran fahren? Unbedingt. Wegen der kulturellen und kulinarischen Vielfalt – und weil der Tourismus allemal eine Öffnung des Landes bewirkt. Wer sich einlassen will, stößt auf offene Türen. Iran ist eines der sichersten Reiseländer der Welt, für Touristen gibt es keine No-go-Areas, von den äußersten Grenzregionen zu Afghanistan und Pakistan einmal abgesehen. Und Iran ist noch ursprünglich, relativ touristenarm mit nahezu durchgehend freundlichen und interessierten Einheimischen. Jeder, wirklich jeder Iran-Reisende, den ich kenne, hat bei seiner Rückkehr gesagt: »Oh, wie schön, da möchte ich unbedingt wieder hin.«

Als ich vor ein paar Jahren nach langer Zeit wieder nach Iran gereist bin, war ich überrascht. Ich wusste, dass sich das Land nach außen geöffnet hatte. Auch, dass die revolutionären Ideale nach der Revolution 1978/1979 teilweise in Vergessenheit geraten waren. Trotzdem war ich erstaunt, dass ich in Teheran so vielen jungen Frauen begegnete, die ihr Kopftuch ganz locker auf einem Dutt trugen und niemals ungeschminkt aus dem Haus gingen.

Inzwischen sind die meisten Iranerinnen schön zurechtgemacht, sie kennen die Schmink- und Modetipps aus den westlichen Magazinen. Sie machen sich nicht nur hübsch fürs Straßencafé oder die private Party am Abend, auch zum Einkaufen oder fürs Büro wird getuscht und gepudert. Die Schönheitssalons boomen – die jüngsten Kundinnen sind gerade einmal sechs oder sieben Jahre alt. Auf den Dörfern ist es noch anders, dort laufen die Frauen nicht so bunt und aufreizend herum, das Kopftuch oder der Tschador wird aus Überzeugung getragen. Und die Frauen werden dort noch verheiratet, ohne vorher nach ihrer Meinung gefragt zu werden.

Jedes Mal wenn ich mich wieder auf den Weg in meine zweite Heimat begebe, gucke ich in erstaunte Gesichter: »Wie mutig von dir! Kannst du dich als Frau dort überhaupt frei bewegen? Stört es dich nicht, deine Haare bedecken zu müssen?« Nein, das Kopftuch ist für mich keine Last. In anderen Ländern muss ich mich schließlich auch an gewisse Regeln halten. Und nur, weil die Frauen ihre Haare bedecken müssen, spielen sie in Iran keineswegs die zweite Geige in der Gesellschaft, wie manche glauben. Viele Touristen, die im Vorfeld einer Reise ihre – teilweise auch berechtigten – Vorurteile haben, sind hinterher erstaunt über die Rolle der Frau.

Auch ich bin auf meinen zahlreichen Touren vielen willensstarken und selbstbewussten Frauen begegnet, die ihren Männern auf die eine oder andere Art und Weise gesagt haben, wo es langgeht. Die Rechte der Frauen werden mehr als akzeptiert. Es gab sogar eine Zeit, wo die Männer mit Kopftüchern auf die Straßen gegangen sind, um ihre Solidarität gegenüber den Frauen zu zeigen und dafür zu plädieren, dass die Iranerinnen rechtlich auf eine Stufe mit ihnen gestellt werden. Im Sommer 2016 startete die in New York lebende Journalistin Masih Alinejad die Kampagne »*Men in Hijab*« – Männer mit Kopftuch. Weltweit beteiligten sich Millionen von Iranern und posteten mehrere Wochen lang Fotos in den sozialen Netzwerken, auf denen sie mit Kopftüchern zu sehen waren, daneben die Frauen ohne Kopfbedeckung.

Es ist natürlich nicht zu leugnen, dass die Frauengesetzgebung immer noch zu wünschen übrig lässt; zur Zeit des Schahs waren Frauen wesentlich bessergestellt. Nach der Revolution richteten die Mullahs das Eherecht nach der Scharia aus. So kann sich eine Frau etwa von ihrem Ehemann nur dann scheiden lassen, wenn er einwilligt. Dabei wird in Iran jede fünfte Ehe geschieden. Die Brautpaare einigen sich oft auf spezielle Klauseln in den Eheverträgen, mit denen sie die nachteiligen Regelungen für die Frauen umgehen. So sichern sich die Frauen zum Beispiel finanziell für den Fall ab, dass sich der Mann von ihnen scheiden lässt. Das geschieht, indem sie eine Morgengabe verlangen – eine Art Lebensversicherung im Falle einer Scheidung, die ihnen dann als Hebel dient, wenn sie selbst die Scheidung wollen: Um die Einwilligung des Mannes zu bekommen, bieten sie ihm an, auf die Morgengabe zu verzichten.

Sowieso hat sich in den Städten manches zum Guten verändert. Immer mehr Frauen studieren: Sechzig Prozent der Studierenden in manchen Studiengängen sind weiblich, und der Anteil der Professorinnen ist höher als in Deutschland. Im Wettbewerb um die freien Studienplätze belegen die Frauen jedes Jahr die vorderen Plätze, zumindest in den Naturwissenschaften, den Sprachen und in der Kunst. Die besseren Abschlüsse machen sie außerdem.

Und hätten Sie gedacht, dass es mehr Frauen in Führungspositionen gibt als in Deutschland? Im Juli 2017 hat die staatliche Fluggesellschaft Iran Air die Ingenieurin Farzaneh Sharafbafi zur Chefin ernannt, weltweit ein Novum. In den Köpfen der Europäer schwirrt meist nur ein Bild herum: graubärtige iranische Männer, die in den Chefetagen sitzen und versuchen, Politik zu machen und über das Atomprogramm zu verhandeln. Wenn über die Zukunft des Landes entschieden wird, haben die Frauen vermeintlich nichts zu sagen. So zeigt sich die Islamische Republik nach außen – und wir übernehmen dieses Bild. Aber die Realität sieht eben anders aus.

»Dürfen Frauen denn Fahrrad fahren?« – Ja, sie dürfen, und sie tun es auch. »Und muss ich als Touristin nicht einen Tschador tragen, so einen schwarzen Umhang?« – »Wird man bei der Einreise nicht kontrolliert und auf Schritt und Tritt bespitzelt?« – »Ist es in Iran nicht irre gefährlich?« Die Antwort lautet fast jedes Mal: Nein. Die ausländischen Frauen müssen sich nicht verschleiern – ein Kopftuch genügt, einfach leicht über die Haare geschwungen. Dazu ein dünner Stoffmantel, der über die Hüften reichen sollte. Im Gegensatz zu den Iranerinnen wird bei den Ausländerinnen ohnehin nicht so genau hingeschaut.

Häufig sind die Leute erstaunt, wenn ich erwähne, dass Iran nicht zur arabischen Welt gehört, sondern indogermanische (Sprach-)Wurzeln hat. Iraner sind stolz auf ihre Abstammung. Wenn ich mich mit ihnen unterhalte und wir auf Deutschland zu sprechen kommen, beginnen neunzig Prozent der Gesprächspartner sofort ein überschwängliches Loblied auf die deutsche Vergangenheit. Mit Lücken, das muss man sagen, die Hintergründe des Holocausts etwa sind in Iran kaum bekannt.

Viele Iraner wissen nicht einmal, dass Abdol-Hossein Sardari, der »Oskar Schindler Irans«, vielen Juden im Zweiten Weltkrieg das Leben gerettet hat – mitten in Europa. Damals wurden unzählige Menschen jüdischen Glaubens im Land aufgenommen. Sie kamen zahlreich aus Europa, darunter Tausende Kinder aus Deutschland und Polen, die sogenannten Teheran-Kinder, die später nach Palästina gebracht wurden. Abdol-Hossein Sardari war als iranischer Diplomat in Paris tätig. Während des Zweiten Weltkrieges nutzte er eine Vereinbarung zwischen Nazi-Deutschland und Iran, die alle iranischen Staatsbürger vor deutschen Angriffshandlungen schützte. Iran gehörte bis zur britisch-sowjetischen Invasion im August 1941 zu den Verbündeten des Nazi-Regimes im Nahen Osten. Aber Reza Schah Pahlavi, der Vater des späteren Schahs, Mohammad Reza Pahlavi, weigerte sich vehement, die Rassenideologie der Nazis in Iran umzusetzen. Damit wurde Iran in der Nazi-Zeit zum geschützten Hafen für Tausende verfolgter Juden. Sardari stellte vielen Juden iranische Pässe aus. »In der Pahlavi-Zeit blühte das jüdische Leben in Iran«, so habe ich es immer wieder von meinem Vater gehört.

Während der Schah-Zeit herrschte noch ein exzellentes Verhältnis zwischen Iran und Israel – auch die Juden in Iran genossen alle Freiheiten. Dies änderte sich erst durch die Islamische Revolution von 1978/1979; die große Auswirkungen auf die iranischen Juden hatte. So wurde Habib Elghanian, der Vorsteher der jüdischen Gemeinde in Teheran, direkt nach der Revolution wegen angeblicher Spionage für Israel hingerichtet.

Israels Präsident ist überzeugt davon, dass Teheran nach wie vor die schiitische Hisbollah-Miliz im Libanon und Syrien mit Waffen beliefert, und er glaubt auch weiterhin daran, dass Iran den Besitz von Atomwaffen anstrebt – auch wenn Präsident Rohani dies zum wiederholten Male verneint hat und die internationalen Überwachungsorganisationen immer wieder bestätigen, dass keine Waffenproduktion stattfindet. Und so wird in Jerusalem seit Jahren in regelmäßigen Abständen mal mehr, mal weniger offen über die Möglichkeit eines militärischen Präventivschlags gegen Irans Atomanlagen spekuliert.

Tatsächlich prägen der vermeintliche Atombombenbau, die politischen Repressionen und der islamische Fundamentalismus immer noch das Image Irans. Doch seit dem Abbau der Sanktionen, seitdem der umstrittene und provokante Präsident Ahmadinedschād von Präsident Rohani abgelöst wurde und seit Iran den internationalen Streit um das Atomprogramm beendet hat (zumindest mit den Europäern), zieht es immer mehr ausländische Touristen in die Islamische Republik.

Innerhalb von zwei Jahren kamen viermal so viele Besucher wie zuvor – Tendenz weiter steigend. Die Neugier auf eines der wenigen unentdeckten Reiseländer wächst. Ein Land, das noch dazu sehr sicher ist, auch wenn es sich um die

Sicherheit einer islamisch-strengen Staatsauffassung handelt. Die strengen Sittengesetze tragen tatsächlich dazu bei, dass allein reisende Frauen in Iran, anders als in islamisch geprägten Ländern, in die der Massentourismus bereits Einzug gehalten hat – wie in Ägypten, Tunesien oder der Türkei – nicht mit sexueller Belästigung rechnen müssen. Durch die Berichterstattung in den Medien ist in vielen Köpfen ein Bild der Lage der iranischen Frauen entstanden, welches mit der Wirklichkeit oft nicht übereinstimmt. So schwärmen allein reisende europäische Frauen von der Hochachtung und der Höflichkeit, mit der ihnen iranische Männer begegnen. Westliche Besucher sind von dem Selbstbewusstsein der Frauen im Alltag überrascht, vor allem in den großen Städten des Landes. Dass Männer einem hinterherglotzen oder hinterherpfeifen – das passiert in diesem Land tatsächlich nicht.

Als ich im Frühjahr 2014 vier Monate in Iran verbracht habe, wurde ich nicht ein einziges Mal auf der Straße unangenehm angegangen. Im Gegenteil, die höflichen iranischen Männer senken ihren Blick, wenn sie einer Frau unterwegs begegnen. Natürlich gibt es unlöbliche Ausnahmen, dass möchte ich nicht bestreiten, aber gibt es die nicht überall?

Ein Höhepunkt jeder Reise durch Iran ist Isfahan, die Stadt der blauen Moscheen und Paläste. Betörend ist auch die Rosenstadt Schiras mit ihren wunderschönen Gärten, durch die es sich schön spazieren lässt, während man eintaucht in die Gedichtsammlungen von Hafis und Saadi – die zwei bedeutendsten Dichter Irans. Aber auch die vielfältige Landschaft verzückt einen immer wieder. Viele glauben, dass es in Iran nichts als Wüste und Trockenheit gibt. Auch das ist ein Trugschluss. Als ich mit meiner Familie im Frühjahr 2014 ans

Kaspische Meer gefahren bin, mussten wir das Elburs-Gebirge überwinden. Der höchste Punkt der Passstraße lag oberhalb von 2000 Metern. Der Kommentar meines Mannes: »Hier sieht es ja aus wie in der Schweiz!« In der Tat wechseln sich dort sattgrüne Wälder mit üppigen Almwiesen ab. Und nördlich des Elburs-Gebirges gibt es statt trockener Wüstenlandschaften subtropische Sumpf- und Urwaldgebiete.

Urlaub in Iran – geht das denn? Die Antwort auf diese Frage ist recht eindeutig. Es geht sogar sehr gut!

Lebenslust in Iran

Wenn ich in meine zweite Heimat fliege und aus dem Flugzeug steige, dann bin ich ein anderer Mensch, weil alles plötzlich so »leichtfüßig« ist. Während in Deutschland viele Menschen gestresst und genervt durch die Straßen laufen, hat das Leben in Iran eine angenehme Unbeschwertheit. Mindestens achtzig Prozent der Iraner sind trotz der desolaten Wirtschaftslage, trotz der jahrelangen Sanktionen und trotz allem, was Khomeini kaputt gemacht hat, trotz seiner Verfolgungen und Hinrichtungen noch immer lebenslustig.

Und dann erst diese Höflichkeit. Wenn man beispielsweise in einem voll besetzten Bus unterwegs ist und es wird ein Platz frei, dann setzt sich nicht gleich jemand hin, sondern man fragt zunächst die anderen Fahrgäste: »Möchten Sie sich setzen?«

Iraner freuen sich über jeden Besucher, sie sind überaus herzlich, hilfsbereit und gesprächig. Die erste Frage lautet meistens (sie ist ein Klassiker, jeder Iran-Reisende sollte darauf vorbereitet sein): »Was denken Sie über Iran?« Und schon wird man in ein Gespräch verwickelt: »Woher kommen Sie?« – »Aus Deutschland.« – »Danke, dass Sie Iran besuchen!« Zigmal am Tag fallen diese Sätze.

Überhaupt wird man als Tourist ständig angesprochen: Ob man Hilfe brauche? Wo man hinwolle? Da passiert es schon mal, dass jemand sich bereit erklärt, den Touristen den Weg zu zeigen oder gar mitzugehen, sozusagen als Guide. Doch glauben sie nicht, dass ein Iraner jemals Geld dafür verlangen würde – die Hilfsbereitschaft kommt von Herzen. Die Iraner haben es satt, von den USA verteufelt zu werden, und die meisten haben auch von den Mullahs die Nase gestrichen voll.

Viele Jahre prägte die feindselige Rhetorik des ehemaligen Präsidenten das Iran-Bild im Ausland. Erst seit dem Ende der Ära Ahmadinedschād und seit der eher liberale Präsident Rohani im Jahr 2013 das Zepter in die Hand genommen hat, ist die Zahl der ausländischen Besucher gestiegen. Anfang 2016 wurden die Sanktionen aufgehoben, ganz langsam haben die Iraner begonnen, die Krisenjahre abzuschütteln. Die Zöllner am Flughafen sitzen meist gelangweilt auf ihrem Stuhl und winken die Reisenden durch, ohne ihre Koffer eines Blickes zu würdigen. Die Geheimpolizei Irans interessiert sich nicht für Touristen – allenthalben für Journalisten oder Diplomaten.

Nur die Inflation im Land ist leider hoch, importiert wird vor allem chinesische Billigware. Lebensmittel und alle Güter des täglichen Bedarfs sind überteuert. Keine Bank darf Geld nach Iran überweisen, das iranische Bankensystem ist nur für

Einheimische. Die Touristen können kein Geld abheben – Iran ist vom internationalen Zahlungsverkehr abgeschnitten. Theoretisch muss man also viel Bargeld mit ins Land nehmen. Die meisten Händler im Basar umgehen dieses Problem jedoch, indem sie ein Konto in Dubai eröffnet haben. So können Kunden Kreditkarten benutzen, offiziell kaufen sie damit ganz regulär ihre Waren in Dubai ein. Eigentlich eine gute Sache, schließlich trägt kaum ein Tourist gern Tausende Dollars einfach so in der Tasche mit sich herum.

Auch wenn es vieles am Mullah-Staat zu kritisieren gibt, ist das Bild dennoch bizarr. 2002 erklärte George W. Bush Irak, Nordkorea und – völlig überraschend – auch Iran zur »Achse des Bösen«. Seitdem wurden diese Länder mit einer bis dahin beispiellosen negativen PR-Kampagne belegt. Natürlich ist das Land von Repressionen geprägt, und es gibt eine Linie, die man nicht überschreiten sollte, das kann und darf man nicht vergessen. Aber unterhalb dieser Regimeebene gibt es einen gut funktionierenden Alltag, den ich bei meinen vielen Aufenthalten im Land erlebt habe, und für mich bleibt zu hoffen, dass der Tourismus bald wieder blüht wie zur Zeit des Schahs in den 1970er-Jahren.

Prunkvolle Paläste und funkelnde Diamanten

Farbenprächtig schimmernde Fassaden, Spiegelwände, leuchtende Edelsteine: Es glitzert und funkelt in allen Ecken. Der Marmorboden ist so wertvoll, dass er nicht mit Straßenschuhen betreten werden darf. Der Prunk der vergangenen Jahrhunderte ist noch immer deutlich zu spüren. Heute schieben sich an manchen Tagen Tausende Menschen durch Protzbauten wie den Niavaran- oder den Golestan-Palast, wo einst der Schah mit seiner Familie residierte.

Der Duft von Rosen, Hyazinthen und Lavendel weht mir um die Nase, wenn ich durch den Niavaran-Park im Norden von Teheran flaniere. Ich komme oft hierher, weil es einfach so schön ist, in dieser Anlage herumzuschlendern. Elf Hektar ist sie groß, weshalb ich mich jedes Mal fast verlaufe. Ein monumentaler Palastkomplex mit mehr als zwanzig Gebäuden, darunter auch der Sahebqaraniyeh-Palast aus der Zeit von Naser ad-Din Schah, der den Kadscharen angehörte, und andere bedeutende Gebäude aus der Pahlavi-Dynastie. Ende der 1950er-Jahre ließ der letzte Schah Mohammad Reza Pahlavi für jedes seiner vier Kinder eine eigene Villa bauen und für seine Frau eine riesige Bibliothek, in der sie ihre zahlreichen Bücher unterbringen konnte. In einer gigantischen Halle stehen diverse Oldtimer – darunter ein voluminöser Rolls-Royce. Einige der Fahrzeuge sind Sonderanfertigungen für die Kinder.

Bis zur Islamischen Revolution hielt sich der Schah mit seiner Familie meistens im Niavaran-Palast auf. Es gab ein privates Kino, Speisezimmer, Gästezimmer, Wartezimmer, Schlafräume und Zimmer des Dienstpersonals sowie den blauen Saal mit bombastischen Kronleuchtern, wo Staatsempfänge abgehalten wurden. Das Dach des Gebäudes – gebaut von deutschen Ingenieuren – lässt sich aufschieben. Der Boden ist aus schwarzem Stein.

Es ist schon unglaublich, wie feudal der Schah damals mit seiner Familie gelebt hat. Verteilt auf zwei großzügige Parkanlagen wohnte die Königsfamilie in riesigen Palästen, bis die Revolution kam und Mohammad Reza Pahlavi Iran verlassen musste. Heute sind diese Orte Pilgerstätten für Touristen, schahtreue Iraner und für Menschen, die vom Luxus einer vergangenen Zeit träumen.

Statt die Prachtbauten der Schah-Familie zu zerstören, öffnete die neue Regierung sie für die Bevölkerung als Museen. Auf dem Areal tummelt sich seit 1979 also das Volk. So schieben sich am 1. April, dem Revolutionstag, stets mehrere Tausend Menschen durch die prachtvollen Gebäude. Und tatsächlich kommt der Gang durch die Paläste einer Zeitreise gleich. Die Räume wirken, als hätten der Schah und seine Familie Teheran gerade erst verlassen. In den Kinderzimmern der Töchter Leila und Farahnaz liegen moderne Spielzeuge: Barbiepuppen, Abziehbilder von Pippi Langstrumpf, Legosteine, riesige Plüschtiere. Spielzeugautos und Modellflugzeuge sind in den Jugendzimmern von Cyrus Reza und Ali Reza zu sehen. Im Schlafzimmer von Farah Diba stehen vor dem Bett noch ihre rosafarbenen flauschigen Hausschuhe, als wollte sie gerade aufstehen, und im Esszimmer ist der Tisch mit kostbarem Porzellan und Weingläsern gedeckt. In einem großen Saal sind die farbenfrohen, eleganten Kleider der Gattin des Schahs ausgestellt, im Südflügel des Palastes eine Kunstgalerie und ein Museumsshop eingerichtet. Junge, perfekt geschminkte Frauen in engen Jeans und kurzem, tailliertem Mantel verkaufen zeitgenössisches Kunsthandwerk.

Alles hier sieht nach Westen, nach Luxus und Moderne aus, nach einem Iran, wie ihn Mohammad Reza Pahlavi vor Augen hatte. Farah Diba, seine letzte Frau, lebte damals wie im Paradies. Schon als Kind hatte sie den Schah in Teheran gesehen, wenn er mit seiner Limousine über den Prachtboulevard fuhr. Später studierte sie in Paris Architektur. Der iranische Botschafter lud damals einige Studenten zum Empfang ein, und als Farah Diba dem Schah vorgestellt wurde, war sie – so berichtete sie später selbst – glücklich und aufgeregt. Alle wussten aus den Zeitungen, dass der Schah wieder heiraten wollte. Zwei Ehen hatte er schon hinter sich. Seine erste Frau, Prinzessin Fausia von Ägypten, gebar ihm am 27. Oktober 1940 die Tochter Schahnaz, doch ein männlicher Thronfolger blieb aus.

Mohammad Reza Pahlavi trennte sich von Fausia, und sie kehrte mit ihrer Tochter zurück nach Ägypten. Später heiratete er Soraya Esfandiary Bakhtiary, das Mädchen eines persischen Vaters, der aus einer nomadischen Fürstenfamilie stammte, und einer deutschen Mutter. Als Königin war Soraya oft Thema der Regenbogenpresse, die sie »die Deutsche auf dem Pfauenthron« nannte. Doch auch aus dieser Ehe ging kein männlicher Thronfolger hervor – sie blieb kinderlos und wurde 1958 nach sieben Jahren geschieden. Als Abfindung bekam Soraya wertvollen Schmuck, eine Leibrente in Höhe von siebzehn Millionen Mark und den Ehrentitel einer Prinzessin.

Als Farah Diba kurz darauf Urlaub in Teheran machte, richtete ihr Onkel, der am Hof Seiner Majestät arbeitete, es ein, dass sie Mohammad Reza Pahlavi wiedersah. Schließlich heiratete die Studentin am 21. Dezember 1959 den Schah von Persien. Sie war gerade einmal 21 Jahre alt.

Mohammad Reza Pahlavi war bereits 1941 vereidigt worden, die offizielle Krönung wollte man allerdings erst feiern, wenn sich die Situation des Landes etwas gefestigt hätte. 1967 hielt Mohammad Reza Pahlavi die Zeit für gekommen. Es folgte eine prunkvolle Krönung des Schahs und seiner Frau, die fortan den Titel *Schahbanu* trug. Die nicht nur in Iran als aufwendig empfundene Zeremonie erregte weltweit Aufsehen. 26 733 funkelnde Edelsteine schmücken den mit glänzendem Blattgold verzierten Herrschersessel. Nadir Schah hatte den Pfauenthron im Jahr 1739 von den Mogulen erbeutet und nach Teheran gebracht. Als ich ihn das erste Mal im Golestan-Palast sah – dieser heißt übersetzt »Palast der Blumen«, wegen seiner zahlreichen, farbenprächtigen Blütenornamente an den Wänden und seinen Gärten im Innenhof – verschlug es mir fast die Sprache. Hinter gläsernen Wänden leuchten und glitzern die Brillanten.

Die märchenhafte Selbstkrönung von Pahlavi sowie seine drei Traumhochzeiten sorgten damals für Schlagzeilen – deutsche Boulevardblätter trumpften mit glanzvollen Geschichten auf. Selbst die Krone des Schahs ist an Prunk kaum zu überbieten: Ein Gestell aus Gold und Silber, mit rotem Samt überzogen – 298 Millimeter hoch, 198 Millimeter im Durchmesser, etwas mehr als zwei Kilo schwer und mit 3380 Diamanten von insgesamt 1144 Karat besetzt. Die Krone liegt im Nationalen Juwelenmuseum von Teheran, in der Nähe der Metro-Haltestelle Saadi. Das Gebäude wird strengstens bewacht: Am Eingang werden die Besucher durchleuchtet und abgetastet. Handtaschen, Rucksäcke und Kameras sind nicht erlaubt. Beim Betreten des Museums wird einem sofort klar, warum, denn hier glänzt es nur so von Gold, Diamanten und Juwelen. Überall sieht man von Edelsteinen besetzten Haarschmuck, Schwerter, Schilde und Kronen. Diese unglaublichen Schätze wurden während des Bestehens der 2500 Jahre alten Monarchie angesammelt und zum Großteil von den Safawiden vom 16. bis zum Anfang des 18. Jahrhunderts erworben.

Als 1719 Isfahan, die einstige Hauptstadt Persiens, von den Afghanen geplündert wurde, gingen viele nationale Schätze verloren. Doch zwanzig Jahre später wurden sie von Nadir Schah in seinem Feldzug gegen Afghanistan wieder zurückgeholt. Und weil man nicht weit von Indien entfernt war, plünderte man bei der Gelegenheit gleich noch Delhi, wodurch auch indische Diamanten, Rubine, Smaragde und

Saphire den iranischen Kronjuwelen hinzugefügt wurden. So gelangten der Koh-i-Noor-Diamant (»Berg des Lichts«) und der rosafarbene Darya-i-Noor-Diamant (»Ozean des Lichts«) nach Iran, die beide zu den größten Edelsteinen der Welt gehören. Allerdings liegt der Koh-i-Noor inzwischen bei den britischen Kronjuwelen im Tower of London.

Kurz nach seiner Krönung zum Schah kam es 1967 während seines Staatsbesuchs in Berlin zu massiven Protesten der Öffentlichkeit gegen die diktatorische Unterdrückung des persischen Volkes, das an Krankheit, Hunger und Armut litt. Gegen die Protestierenden gingen zusammen mit der deutschen Polizei iranische Sicherheitskräfte vor, die später als sogenannte Prügelperser zu zweifelhaftem Ruhm kamen. Der Student Benno Ohnesorg wurde bei den Unruhen erschossen, womit der Schah-Besuch den Auftakt der bundesdeutschen Studentenbewegung gegeben hatte.

Verborgene Schätze im Keller

Unter der Herrschaft von Schah Mohammad Reza Pahlavi entstanden im Laufe der Jahre viele moderne Prachtbauten wie das Museum der Modernen Künste oder Teherans Wahrzeichen, der Freiheitsturm. Er wurde zwischen 1969 und 1971 anlässlich des 2500-jährigen Jubiläums der iranischen Monarchie noch unter dem Namen Shahyad-Turm erbaut. Nach der iranischen Revolution von 1978 / 1979 wurde er in Azadi-Turm umbenannt. Er sieht aus wie ein vierbeiniges

Ypsilon und sollte ursprünglich die vier Ur-Zivilisationen Ägypten, China, Iran und Rom symbolisieren. Der Turm ist mit mehr als 25 000 weißen Marmorsteinen eingedeckt, die übrigens aus Isfahan stammen. Unter dem Gebäude befindet sich ein Museum.

Farah Diba war außerordentlich kulturinteressiert. Sie förderte das Teheraner Philharmonie-Orchester, das unter der Leitung von Musikern wie Yehudi Menuhin, Zubin Mehta oder Herbert von Karajan Weltruhm erlangte. Und sie gründete das bislang einzige Festival für moderne Kunst in Iran: das weltweit beachtete Schiras-Kunstfestival. In Teheran initiierte sie den Bau des Talar-e Rudaki, in dem Konzerte, Theater, Opern- und Ballettaufführungen stattfinden. Sie sorgte dafür, dass in Iran zahlreiche Museen gegründet wurden und ließ weit mehr als 3000 kostbare internationale und iranische Gemälde kaufen: von Picasso, Miro, Warhol, Chagall und vielen anderen – der geschätzte Wert liegt bei etwa drei Milliarden Euro. Für die Kunstwerke wurde extra ein Gebäude errichtet, das heutige Zeitgenössische Museum. Doch hängen die Schätze leider nicht an den Wänden, sondern liegen verborgen im Keller. Nur an wenigen Tagen im Jahr werden sie hervorgeholt und der Öffentlichkeit präsentiert. Bei meiner letzten Reise im Oktober 2017 hatte ich kein solches Glück. Aber auch ohne die kostbaren Gemälde war das Museum sehenswert.

Im Jahr 1978 begann die Islamische Revolution. Sie war unter anderem eine Abrechnung der Bevölkerung mit dem Schah und seiner Familie, mit ihrem Pomp, ihrer Verschwendungssucht. Alles, was aus dem Westen kam, wurde nun verachtet und oftmals zerstört. Die wertvollen Exponate im Zeitgenössischen Museum überlebten, bis auf das Porträt, das Andy Warhol von Farah Diba angefertigt hatte. Es wurde mit Messern zerschnitten.

Im Laufe der Jahrzehnte hatte der Schah den Hass der Iraner auf sich gezogen. Demonstranten feierten den Revolutionsführer Ajatollah Khomeini, der aus seinem französischen Exil agierte. Unter dem Druck der Islamischen Revolution verließ Schah Mohammad Reza Pahlavi schließlich das Land: Am 16. Januar 1979 bestieg er mit seiner Familie ein Flugzeug. Monatelang hatte die Bevölkerung die Ausweisung des Schahs gefordert. Als zudem Anfang 1979 auf der Konferenz von Guadeloupe die USA, Frankreich, Großbritannien und die Bundesrepublik entschieden, die bisherige Führung in Teheran nicht mehr zu unterstützen, ging der *Schah-an-Schah*, der »König der Könige«, wie er sich nennen ließ, mit seiner Familie auf »Erholungsreise« – und kehrte nie wieder nach Iran zurück.

Mit seinem Rückzug endete nicht nur die Monarchie, auch die westdeutsche Regenbogenpresse verlor einen ihrer wichtigsten Akteure. Seit der Gründung der Bundesrepublik waren die deutschen Klatschblätter voll mit Geschichten gewesen, die den Schah und seine Farah Diba zu einem Märchenpaar aus Tausendundeiner Nacht stilisierten. Und um das Exotische noch zu unterstreichen, wurde für das Land stets die westliche Bezeichnung »Persien« und nicht »Iran« benutzt, wie es seit 1935 offiziell hieß.

Ägypten bot dem Schah und seiner Familie als einziges Land Exil. Kurz darauf kehrte Khomeini aus Frankreich zurück und übernahm die Macht. Ein Jahr später starb der

Schah an den Folgen einer Krebserkrankung. Als seine Leistungen gelten im Nachhinein eine relativ liberale Gesellschaftspolitik und die Modernisierung des Landes. Doch der Preis dafür war hoch: Der Schah gilt als einer der brutalsten Diktatoren der Nachkriegszeit, er ließ Tausende Oppositionelle verhaften, foltern und ermorden.

Vier Kinder sind aus seiner Ehe mit Farah Diba hervorgegangen, zwei davon begingen später Selbstmord: Leila Pahlavi, 1970 geboren, starb im Juni 2001 durch Tabletten; Ali Reza Pahlavi, 1966 geboren, erschoss sich Anfang 2011 in Boston.

Farah Diba lebt heute in Paris und den USA. Ihren größten Wunsch für ihr Land äußerte sie später in einem Interview der *Welt*: »Ich wünsche mir Demokratie, Freiheit und gleiches Recht für Frauen, aber auch territoriale Integrität. Es soll ein Land sein, in dem Religion nicht mit Politik vermischt ist.«

Sie war die meistfotografierte Frau ihrer Zeit und hat das Frauenbild international und nachhaltig geprägt. Ihr Kleidungsstil und ihre Frisur wurden kopiert, Andy Warhol hat ihr viele Porträts gewidmet. Nach dem Selbstmord ihres Sohnes Ali Reza hat sie in seinem Namen die Ali-Reza-Pahlavi-Stiftung gegründet. Sie bietet jungen Iranern die Möglichkeit, an der Harvard University zu studieren.

Ein Pulverfass explodiert

»*Gerade hat der iranische Rundfunk offiziell die Ausreise des Schahs und seiner Frau in Richtung Ägypten bekannt gegeben. Der Jubel kennt hier keine Grenzen. Hier feiern Teheraner Autofahrer die Stunde null, wie die Iraner diesen für sie ohne Frage historischen Moment nennen.*«

So berichtete der ARD-Korrespondent Ulrich Encke am 16. Januar 1979 aus der iranischen Hauptstadt. Ich saß damals zusammen mit meinem Vater vor dem Fernseher und beobachtete gebannt das Geschehen. Mit meinen zwölf Jahren hatte ich zwar noch nicht sehr viel Ahnung von Politik, aber ich konnte zumindest begreifen, dass Iran fortan nicht mehr das Land sein würde, welches ich aus meiner Kindheit kannte – auch für mich damals ein Traum aus Tausendundeiner Nacht.

Dass es Ende der 1970er-Jahre zu einer Revolution kommen konnte, ist die Folge mehrerer fataler politischer Entscheidungen und Missstände. Iran war und ist reich an Bodenschätzen. Dieser Reichtum wurde jedoch vom westlich orientierten Schah-Regime völlig falsch und ungerecht verteilt: Während eine dünne Oberschicht und die Herrscherfamilie es sich gut gehen ließen, mussten viele Bürger zurückstecken und blieben trotz sprudelnder Ölquellen bitterarm. Die mittellosen Bauern und Bewohner der immer weiter wachsenden Großstadtslums mussten darben. Zudem wurde vom berüchtigten Geheimdienst Savak jegliche Opposition brutal unterdrückt. Exorbitante Militärausgaben ruinierten die Staatsfinanzen, woraufhin die Inflationsrate nach oben schnellte.

All das brachte das Pulverfass 1979 schließlich zum Explodieren. Bereits 1963 meldete sich Ajatollah Khomeini erstmals öffentlich in einer Predigt zu Wort und rief zum Widerstand auf: »Erhebt euch zu Revolution, Dschihad und Reform, denn wir wollen nicht unter der Herrschaft der Verbrecher leben. Es ist unser würdig, dem Vorbild unseres Propheten und unserer Imame zu folgen, auf dass sie unsere Fürsprecher am Tage des Gerichts sein mögen.«

Im Jahr 1965 ließ Khomeini sich in Irak nieder. Der Schah versuchte unterdessen, der Krise im Land durch Reformen Herr zu werden. Doch alle Maßnahmen fruchteten nicht. Die von oben verordnete Verwestlichung der gesellschaftlichen Strukturen stieß in weiten Teilen der Bevölkerung auf Ablehnung.

Diese Ablehnung hatte im Übrigen Tradition. Schon der Vorgänger Reza Schah Pahlavi verkündete 1936 ein Kopftuchverbot. Wer sich verhüllte, riskierte Ärger mit den Sittenwächtern. Wutschnaubende Polizisten rissen gläubigen Frauen die Tücher vom Kopf, viele Iranerinnen gingen fortan kaum noch auf die Straße. Sie fühlten sich in ihren eigenen vier Wänden wie eingesperrt: Um sich vor Fremden keine Blöße zu geben, blieben sie hinter verschlossenen Türen. Das Kopftuchverbot löste im ganzen Land eine hitzige Debatte und damit den entschiedenen Widerstand der Mehrheit der Bevölkerung aus. Für die einfachen Leute wurde der Ajatollah später zum Heilsbringer.

Auch der Versuch von Schah Mohammad Reza Pahlavi, mit der Ernennung des Sozialdemokraten Schapur Bachtiar zum Ministerpräsidenten den revolutionären Prozess zu demoralisieren, misslang. Schon als der Schah das Land verließ – »Ich bin müde und brauche eine Pause!« –, zeichnete sich ab, dass die islamischen Kräfte und nicht die oppositionellen Laizisten die Oberhand gewinnen würden. Als der tiefreligiöse Ajatollah Khomeini aus dem französischen Exil zurückkehrte, veränderte sich das Leben für die iranische Bevölkerung von Grund auf. Eine überwältigende Mehrheit der Iraner billigte im März 1979 die Entscheidung zur Gründung der Islamischen Republik.

Sie erlebten eine Umgestaltung des Landes, die sich an den Prinzipien einer fundamentalistischen Interpretation der Religion orientierte. Fortan mussten die Frauen ihren Kopf verhüllen, ob sie wollten oder nicht. Taten sie das nicht, wurden sie von den Revolutionswächtern auf offener Straße zur Räson gebracht. Mitglieder des ehemaligen Schah-Regimes wurden gnadenlos gejagt, es gab zahllose spektakuläre politische Prozesse mit anschließenden Hinrichtungen. Das

Land, das vom ehemaligen US-Sicherheitsberater Henry Kissinger einst als »Stütze der Stabilität« in Mittelost bezeichnet worden war, kapselte sich rigoros vom Westen ab.

Als Ajatollah Khomeini Mohammad Reza Pahlavi 1979 vom Thron stieß und die Macht übernahm, stockte der Weltbevölkerung der Atem. Die weltweit bekannte Herrscherfamilie wurde des Landes verwiesen von einem Greis und seinen Anhängern. In der Folge erscholl jahrzehntelang von Hunderttausenden Iranern der Ruf: »Hass und Tod den USA!« Die Bilder beherrschten lange Jahre die Berichterstattung über Iran. Woher stammte diese Wut?

Da hilft ein Blick zurück, zuallererst ins Jahr 1953, als die CIA die demokratisch legitimierte iranische Regierung stürzte und den Premier Mossadegh aus dem Amt putschte. Erst kürzlich veröffentlichte das US-Außenministerium die Dokumente, die das Ausmaß dieses Staatsstreiches zeigen.

1951 wurde der vom iranischen Volk gewählte Mohammad Mossadegh vom *Time*-Magazin zum *Man of the year* gewählt. Weltweit wurde ihm Respekt gezollt, da er es immerhin gewagt hatte, die britisch-koloniale Ölförderung in Iran zu verstaatlichen. Das galt auch für viele politische Kreise in den USA, das Verhältnis zu den Vereinigten Staaten war im Grunde von Respekt und Anerkennung bestimmt. Ganz anders war die Reaktion der Briten, die seit Jahrzehnten das iranische Öl für sich beanspruchten. Die Anglo-Iranian Oil Company bescherte England Jahr für Jahr riesige Gewinne. Über zehn Jahre lang forderten iranische Politiker, diesem Raubzug ein Ende zu bereiten, doch die Briten blieben stur. Mit der Wahl von Mossadegh zum Premierminister änderte sich die Lage: Er löste einseitig den Kontrakt auf und verstaatlichte die Ölindustrie des Landes. Die Briten riefen die USA zu Hilfe, die aber zunächst kein Interesse an einer Schwächung Irans hatten. Die politische Linie änderte sich erst, als 1952 Dwight D. Eisenhower in den USA Präsident wurde. Dem Drängen Churchills auf ein militärisches Eingreifen der USA zur Rückeroberung des englischen Anspruches auf das iranische Öl gab Eisenhower zwar nicht nach, dafür beschloss man aber die Initiierung eines Putsches, um die demokratische Regierung in Iran zu beseitigen.

Der Sündenfall und das Ende des Vertrauens

Im Sommer 1953 begann der US-Geheimdienst in Teheran die sogenannte Operation Ajax. Die CIA bestach Politiker, Offiziere und Geistliche und wiegelte sie zur Opposition gegen Mossadegh auf. Schah Mohammad Reza Pahlavi sollte Mossadegh per Dekret seines Amtes entheben. Im August 1953 kam es zu einer Straßenschlacht zwischen Mossadegh-Anhängern und Putschisten vor dem Privathaus des Premierministers.

»Man wunderte sich über die Menschen, die da gegen Mossadegh demonstrierten«, erzählt der Schriftsteller Bahman Nirumand, der den Putsch als Schüler in Teheran aus nächster Nähe miterlebte, in einem Interview mit der Deutschen Welle. »Da waren ganz schlimme Killerbanden darunter und arme Menschen aus dem Süden der Stadt, die man mit Geld bestochen hatte.«

Das schahtreue Militär griff ein, Mossadegh wurde gestürzt, und seine Regierungszeit fand ein rasches Ende. Die Amerikaner übten in der Folge mit Tausenden von Beratern einen enormen Einfluss aus, man könnte sagen, sie haben das Land praktisch 25 Jahre lang beherrscht. Der vom Schah eingesetzte Geheimdienst Savak ließ Zehntausende Regimekritiker hinrichten, spätere Berichte sprachen von 100 000 Gefangenen und bis zu 60 000 Toten in den 25 Jahren der Schah-Zeit. Die Folter war an der Tagesordnung. Vielen Beobachtern ist dieser amerikanisch-britische Sündenfall ursächlich für das heutige Chaos im Nahen und Mittleren Osten.

Die Wut auf die Amerikaner und einige ihrer Verbündeten hat allerdings noch eine zweite Ursache: Am 22. September 1980 brach der Erste Golfkrieg zwischen Irak und Iran aus. Die westliche Welt unterstützte die wohl sinnloseste Konfrontation zweier muslimischer Staaten in der gesamten modernen Geschichte. Der Krieg dauerte fast acht Jahre und kostete Schätzungen zufolge eine Millionen Menschen das Leben. Der wirtschaftliche Schaden belief sich auf 500 Milliarden Dollar.

Die geopolitische Sachlage in der Region vor dem Iran-Irak-Krieg war ausgesprochen ungünstig für die USA. Als in Iran 1979 der Schah gestürzt wurde und danach Ajatollah Khomeini an die Macht kam, verwandelte sich der bis dahin proamerikanische Iran in einen Todfeind Washingtons. Das ganze bisherige Kräfteverhältnis in der Region brach in sich zusammen. Der Iran-Irak-Krieg wurde von sehr vielen amerikanischen und europäischen Präsidenten, Ministerpräsidenten und Ministern mitgetragen. Sie alle sahen zu, wie sich Saddam Hussein in einen abgefeimten Diktator verwandelte, von den USA hofiert. Dieser Krieg laugte letztendlich sowohl Iran als auch Irak völlig aus. Zudem waren auch die Kriegsergebnisse ganz anders, als man erwartet hatte.

Aber der Reihe nach: Anfangs besetzte die irakische Armee etwa 14 000 Quadratkilometer iranischen Bodens über eine Frontlänge von 1325 Kilometer. Erst zwei Jahre später gelang es iranischen Truppen, die völlig zerstörte Stadt Khorramschahr und die einst größte Erdölraffinerie der Welt in Abadan zurückzuerobern. Diese vernichtende Niederlage des irakischen Herrschers Saddam Hussein sollte die Wende in diesem Krieg bedeuten. Die westliche Welt hatte Irak massiv unterstützt, allen voran die USA, die militärische Geheimnisse Irans weitergegeben hatten, aber auch Frankreichs Hightechlieferungen und Deutschlands Technologietransfer für die Produktion chemischer Kampfstoffe richteten sich gegen Iran. Der erwartete Kollaps des Landes trat überraschenderweise nicht ein, und zwar erst recht nicht, als sich Saddam Hussein über die Genfer Konventionen hinwegsetzte. Die schlimmsten Verstöße lagen in den Raketenangriffen auf zivile Einrichtungen, dem Einsatz chemischer und biologischer Waffen und den Angriffen auf die zivile Schifffahrt im Persischen Golf. Der Krieg erstarrte in einem Stellungskrieg, der von 1983 bis 1988 anhielt und bei dem keine der Parteien die Oberhand gewinnen konnte. Perfiderweise belieferten die westlichen Staaten zeitweise beide Parteien mit Waffen, auch mit chemischen. Die 1988 nach Kriegsschluss verabschiedete UNO-Resolution war höchst ungerecht, denn sie sah keine Verurteilung Iraks als Aggressor und damit keine Reparationszahlungen an Iran vor.

Besonders empört reagierte der frühere US-Verteidigungs-minister Donald Rumsfeld auf Nachfragen zu seiner Rolle im Krieg, wenn man ihm Fotos von seinen herzlichen Treffen mit dem irakischen Diktator zeigte. Die USA hatten es nicht einmal für nötig gehalten, ihre Hilfe für Irak zu tarnen. Der Sicherheitsberater des US-Präsidenten, Brzeziński, gilt als Initiator der geheimen Verhandlungen mit Saddam, bei denen man ihn zum Überfall auf Iran ermunterte. Die CIA kaufte massenweise Waffen auf, darunter auch Kriegstechnologie aus vielen europäischen Staaten. Auch in der Satellitenaufklärung halfen die USA, Ziele in Iran zu verifizieren. Saddam Hussein erhielt mit amerikanischer Hilfe riesige Kredite von Saudi-Arabien, Kuwait und den Vereinigten Arabischen Emiraten.

Der Iran-Irak-Krieg war einer der folgenreichsten zwischenstaatlichen Konflikte des 20. Jahrhunderts. Zu den schätzungsweise 350 000 toten Soldaten kamen rund 300 000 getötete Zivilisten und 500 000 Invaliden, die die Volkswirtschaft Irans bis heute enorm belasten und auch das Straßenbild Teherans prägen. Mehr als fünfzig Städte wurden beschädigt und teils völlig zerstört, Tausende Dörfer dem Erdboden gleichgemacht. Weiterhin belasten Millionen nicht beseitigter Minen weite Landstriche in Iran.

Eine Frage stellt sich den Iranern ganz besonders. Amerikaner, Franzosen, Engländer und Deutsche und viele weitere Nationen haben sich an diesem Krieg beteiligt, der keinen Gewinner kannte. Kämpfer aus mehr als zwanzig Nationen gelangten in iranische Kriegsgefangenschaft. Was hatten sie in diesem Land verloren, und wer hatte sie bezahlt?

Hausbesuch beim Feind

Im November 1979 stürmten Studenten die US-Botschaft in Tehe-
ran und nahmen 52 amerikanische Botschaftsangehörige als Geiseln.
Die Studenten forderten von den Vereinigten Staaten, den Schah
auszuliefern, um ihn in Iran vor Gericht zu stellen. 25 Jahre nach
ihrer Besetzung wurde die frühere Botschaft der USA von den irani-
schen Machthabern in ein Museum verwandelt: Ausgestellt wird
»die imperialistische Natur des großen Satans«.

Sie wirkt wie ein Geisterhaus, wie sie so da steht mitten
im Zentrum von Teheran, die ehemalige amerikanische
Botschaft in Iran. Passanten eilen vorbei, einige bestaunen
die Malereien auf der vier Meter hohen Betonmauer, die das
Gelände umgibt: Eine zeigt einen Revolver in den Farben
der amerikanischen Flagge; auf einem anderen Bild grinst
eine satanische Interpretation der Freiheitsstatue auf die Straße

hinab; gleich daneben läuft der iranische Revolutionsführer Ajatollah Khomeini erhaben durch eine Wolke kleiner Blüten. Er hatte seinerzeit die US-Botschaft als »Nest der Spione« bezeichnet.

Bärtige Männer, in grünen Overalls, mit Sturmgewehren bewaffnet, beobachten vorbeilaufende Passanten von Wachtürmen aus, die hinter der Mauer stehen. Auf dem ehemaligen Gelände der US-Botschaft hatte der amerikanische Geheimdienst CIA 1953 den Staatsstreich gegen den damaligen Ministerpräsidenten Mossadegh geplant. 26 Jahre später, am 4. November 1979, sprangen religiöse Studenten über die Mauern und drangen durch den Haupteingang auf das Botschaftsgelände. 52 US-Bürger und Diplomaten wurden von ihnen als Geiseln genommen und 444 Tage festgehalten. Das amerikanische Sicherheitspersonal ergab sich ohne Gegenwehr. Die Studenten hatten nach wenigen Augenblicken das gesamte Gebäude besetzt und die 52 Geiseln in ihrer Gewalt.

Einige Monate später bemühte sich der damalige US-Präsident Jimmy Carter, die Geiseln militärisch zu befreien. Doch die Geheimoperation scheiterte an technischen Problemen der eingesetzten Helikopter. Bei der Kollision eines Transportflugzeuges mit einem Hubschrauber kamen acht amerikanische Soldaten ums Leben, und Jimmy Carter verlor kurz darauf sein Amt.

Mit ihrer Geiselnahme wollten die Studenten die Auslieferung des Schahs aus den USA erzwingen. Der Schah wurde nicht ausgeliefert, die Geiseln kamen 1981 frei. Im Gegenzug beendeten die USA das Handelsembargo, gaben zuvor eingefrorene iranische Guthaben frei und versprachen, nicht mehr in die inneren Angelegenheiten Irans einzugreifen.

Ein Vierteljahrhundert nach der dramatischen Besetzung machte Iran die Botschaft zu einem Museum, wobei das Gebäude allerdings nur an einigen Tagen im Jahr geöffnet ist.

Am Eingang kaufe ich mir ein Ticket und betrete das rote Backsteingebäude. Auf einer Fußmatte steht auf Farsi und Englisch »Nieder mit den USA«. Eine Treppe führt in den ersten Stock. Eine Wand ist mit einem riesigen Graffito verziert. Eine brennende USA-Flagge, ein Jude mit großer Nase, ein wütender US-Pilot vor mehreren Bomben, ein Hakenkreuz, das aus der US-Flagge zusammengesetzt ist – die opulenten und teils wirklich krassen Propagandamotive erstrecken sich über mehrere Stockwerke.

Durch eine Stahltür geht es in den ehemaligen Trakt der CIA. Ein Raum ist ganz silberfarben, die Wände sind mit Aluminiumfolie bezogen. Darin befindet sich ein zweiter Raum aus Glaswänden. In der Mitte steht ein Tisch, an dem drei Strohpuppen in Anzügen sitzen.

»Hier hat sich der Botschafter mit seinen Geheimagenten getroffen«, erzählt mir ein Mitarbeiter.

Durch die dicken Glaswände ist dieser Raum tatsächlich vollkommen abhörsicher. Etwas weiter den Flur entlang gibt es ein weiteres Büro. Alte schwarze Schreibmaschinen, Stempel und Spraydosen stehen auf dem Tisch. Daneben liegen Porträtfotos von Amerikanern.

»Hier wurden falsche Pässe für die Agenten gefertigt.«

Der nächste Raum sieht aus wie ein Safe. Die Tür besteht aus massivem Stahl, darauf ein Schild. Der Besucher erfährt: Hier wurden die Berichte der amerikanischen Diplomaten gesendet und entschlüsselt. In die Wand ist ein merkwürdiger Apparat eingebaut. Ich frage den Mitarbeiter, was es damit auf sich hat, und er erklärt, dass die Tür nur mit einem sogenannten Iris-Scanner geöffnet werden konnte, einem Gerät, welches die Regenbogenhaut des Eintretenden erkennen kann. Ich bin erstaunt. Ist das wirklich alles aus dem Jahr 1979?

»Ja, schon damals hatten sie hier Computer und digitale Fotos.«

Wir gehen hinein und bleiben vor einer großen grauen Maschine stehen: eine Abhöranlage.

»Die Telefongespräche der Leute wurden belauscht – auch die vom Schah, obwohl der ja eigentlich proamerikanisch war.«

Am Ende des Flurs steht die Bronzestatue eines Atompilzes. Kernspaltung ist ein Thema, das sich wie ein roter Faden durch das Museum zieht. Auf einem kleinen Gemälde ist eine Waage abgebildet. In der einen Schale befinden sich amerikanische und israelische Bomben, in der anderen winzige atomare Teilchen – die haben, hier in der US-Botschaft, natürlich mehr Gewicht.

Eine Installation ist besonders skurril: Fünf lebensgroße Soldatenköpfe, aufgespießt auf einen Stock – es bleibt unklar, wer damit gemeint sein soll. Aber eins ist klar: Jedes Detail der einstigen US-Botschaft soll das hässliche Antlitz dieser Weltmacht und die imperialistische Natur des großen Satans verdeutlichen.

Es geht weiter zum »Propagandaraum«: Ein Hubschrauber aus Pappmaschee stürzt in ein Flugzeug und explodiert in einem Flammenmeer – eine Darstellung der gescheiterten Rettungsmission der USA für die Geiseln im April 1980. Langsam gehe ich die Treppe hinunter und betrachte weitere Propagandagemälde: die Freiheitsstatue als Skelett, ein Flugzeug, das mit zwei Wolkenkratzern kollidiert; daneben israelkritische Darstellungen der groben Art: das Washingtoner Kapitol, über dessen Kuppel die Fahne Israels weht.

Die Führung ist zu Ende, die ehemalige amerikanische Botschaft schließt wieder für längere Zeit ihre Türen. Bei mir hinterlässt der Besuch einen zwiespältigen Eindruck. Einerseits wegen der tumben und antisemitischen, zudem recht blutrünstigen Propaganda. Andererseits frage ich mich: War das eine Botschaft – oder eher eine Außenstelle der CIA?

Man erreicht das Museum mit der Teheraner U-Bahn-Linie 1, die Haltestelle Taleghani liegt an der südöstlichen Ecke des Botschaftsgeländes. Der Eintritt kostet offiziell umgerechnet etwa zwei Euro. Einzelne Touristen ohne Reisegruppe sollten damit rechnen, dass ein »individueller Zuschlag« erhoben wird.

Gastfreundschaft geht über alles

In Iran ist man Gast und nicht Tourist, denn Höflichkeit ist tradi-
tionell extrem wichtig. Egal, ob auf dem Basar oder im Restaurant,
man spürt es überall. Besucher werden herzlich willkommen gehei-
ßen, wenn möglich verwöhnt, aber niemals bedrängt. Und es ist
keine Seltenheit, dass man spontan zum Abendessen nach Hause
oder zum Picknick in den Park eingeladen wird.

»*Bokhor*«, ruft mir meine Freundin Mosghan zu. Das heißt
so viel wie: »Iss!« Und ich höre es täglich zigmal, wenn ich
zu Besuch in Iran bin. Ich antworte dann immer: »*Baste,*
baste. − Genug, genug.« Aber schon habe ich die nächste
Kelle mit Eintopf und Reis auf meinem Teller, sehr zum
Leidwesen meiner Figur − jedes Mal zeigt meine Waage
zwei, drei Kilo mehr an, wenn ich wieder zurück in
Deutschland bin.

Ein kleiner Tipp: Falls sie in den Genuss kommen, in Iran zum Essen eingeladen zu werden, lassen Sie einfach ein kleines bisschen von den köstlichen Speisen auf Ihrem Teller liegen, dann weiß Ihre Gastgeberin, jetzt ist der Besuch satt.

Essen ist eine der Lieblingsbeschäftigungen der Iraner. Deshalb wird während der Mahlzeiten auch die ganze Zeit über die Kochkunst der Köchin geredet. Die Gastgeberin wird permanent gelobt: *Daste schoma dard nakone.* – »Mögen ihre Hände niemals schmerzen.« Ein besonders höflicher Ausdruck, um die Hausfrau für ihre aufwendigen Leckereien zu ehren.

Gastfreundschaft wird in Iran ganz groß geschrieben, und es ist keine Seltenheit, dass man spontan eingeladen wird. Aber wundern Sie sich nicht, wenn Sie selbst eine iranische Familie zum Essen einladen, denn Pünktlichkeit ist für Iraner ein Fremdwort – sie kommen eigentlich immer ein, zwei Stunden zu spät.

In Iran erlebt man eine Herzlichkeit, die einen leicht vergessen lässt, wie schwer es die Menschen unter der Gewaltherrschaft der Mullahs zuweilen haben. Iraner lieben es, Gäste zu bewirten. Eine solche Einladung zum Essen sollte man auf gar keinen Fall ablehnen, denn es erwarten einen iranische Köstlichkeiten vom Feinsten: Reis mit *Tadiq*, einer Reiskruste unten am Topf, die oft auch mit Kartoffeln und Brot zubereitet wird. Der Reis wird etwa zehn Minuten gekocht, bis er al dente ist. Dann wird in einem anderen Topf etwas Öl erhitzt, auf dem eine zwei Finger hohe Schicht Reis verteilt wird. Oder man nimmt eben rohe Kartoffelscheiben oder auch *Lavash* – dünnes iranisches Fladenbrot.

Dann wird der übrige Reis mit einem Löffel vorsichtig als Pyramide darauf geschichtet, sodass der letzte Löffel die Spitze bildet. Am Boden des Topfes entsteht beim Kochen nun eine knusprige Schicht – die Reiskruste.

Zum Reis werden verschiedene Eintöpfe gereicht: Zum Beispiel Huhn in Granatapfelsirup, Lamm in Kräutersoße, Auberginen mit Joghurt, Hackbällchen mit Sauerkirschen. Oder auch *Ābguscht* (Schmorfleisch-Eintopf) neben *Ash-e Reshteh* (Nudelsuppe) eine von meinen Lieblingsspeisen. Die Zutaten für *Ābguscht* sind Lammfleisch, Kichererbsen, Bohnen, Zwiebeln, Kartoffeln und Tomaten. Alles wird vermischt und aufgekocht. Danach wird die Brühe abgegossen, und die festen Zutaten werden püriert. Beides wird dann mit Brot serviert – sehr lecker!

Das iranische Essen ist übrigens nicht besonders scharf, denn Iraner mögen es salzig und sauer. *Zereshk Polo* ist eins der typischen Gerichte. Hier verleihen Berberitzen dem Reis eine saure Note. Und die Iraner schwören auf Salz: Es gibt nichts, was nicht damit verfeinert wird. Jede Art von Obst und Gemüse wird vor dem Verzehr gesalzen, ganz besonders alle sauren Früchte. Und das nicht zu Unrecht: grüne Äpfel, Zitronen, Orangen, Grapefruit oder Gurken schmecken mit Salz tatsächlich sehr gut.

Im Allgemeinen ernähren sich die Iraner äußerst gesund. So ist die Obstschale das größte, bunteste und am liebevollsten dekorierte Element auf dem Tisch in einem iranischen Wohnzimmer – mit Äpfeln, Bananen, Kiwis, Orangen, Mandarinen, Granatäpfeln und kleinen Gurken. Sogar wenn man abends in einem Teehaus sitzt, wird zum Tee oder zur Wasserpfeife eine kleine Schale mit Früchten gereicht. Ein

Tag, ein Abend, ein Tisch ohne Obst ist vollkommen unvorstellbar.

Auch bei uns zu Hause steht grundsätzlich eine große Schale Obst bereit, zumal wenn wir Gäste erwarten. Mein Mann schmunzelt immer, wenn ich für unsere deutschen Freunde persisch koche. Dann steht der Herd voll mit Töpfen, der Backofen dampft, und meine beiden Reiskocher zischen. Jedes Mal fragt er: »Wer soll das bloß alles essen?« Insgeheim freut er sich natürlich, weil er anschließend eine ganze Woche lang seine Lieblingsspeisen aus der Resteküche genießen kann. Iraner kochen immer mehr, als eigentlich nötig ist, schließlich könnte noch jemand unerwartet vorbeikommen, oder ein Gast bringt einen Freund mit. Eine Sitte, die ich in Deutschland sehr vermisse.

In Iran besuchen sich Familienmitglieder und Freunde ganz spontan, und es guckt auch keiner verdutzt, wenn noch jemand mitgebracht wird. Jeder ist willkommen – auch Kinder! –, und die Gastfreundschaft geht sogar so weit, dass die Nachbarn sich gegenseitig mit Essen versorgen.

Eigentlich wird in Iran sowieso den ganzen Tag gegessen. Wobei das Frühstück eher klein ausfällt: ein wenig Fladenbrot mit Schafskäse und Walnüssen, Honig und Marmelade, wobei Karottenmarmelade am beliebtesten ist – hört sich vielleicht etwas komisch an, ist aber köstlich. Man reißt ein kleines Stück vom Brot ab, bestreicht es mit Butter und Käse oder Marmelade, faltet es zu einem Päckchen und schiebt es sich in den Mund. Mittags wird dann ein Eintopf serviert, dazu gibt es frische Kräuter wie Koriander, Minze, Basilikum, Petersilie, Schnittlauch. Dieses Grünzeug kommt eigentlich immer auf den Tisch, sehr zur Freude meines Mannes, der sich ausschließlich davon ernähren könnte.

Abends wird in Iran sehr spät gegessen, wegen der Hitze im Sommer. Zwischendurch werden Obst, Gebäck und *Tschai* serviert – in Iran vergeht kein Tag ohne Tee. Das Getränk ist ein wichtiger Bestandteil der iranischen Kultur, ein Glas Tee gehört auf jeden Fall dazu, egal, wo man sich trifft: geschäftlich oder privat, in einem Teppichgeschäft, im Restaurant, an der Raststätte, im Büro, auf dem Basar oder in den eigenen vier Wänden.

Trifft man sich mit Freunden, so geht man nicht ins Café, sondern ins *Tschai-Khane*, ins Teehaus. In dem bauchigen Teil des Samowars brodelt das kochende Wasser vor sich hin. In der Kanne obenauf befindet sich das Konzentrat, also sehr starker schwarzer Tee. Man gießt etwas von diesem Konzentrat in ein kleines Glas, hält es dann unter den Hahn, um mit dem heißen Wasser den Tee zu verdünnen. Dieser wird, anders als in den arabischen Ländern, stets ohne Zucker aufgegossen. Der weiße iranische Zucker ist in Klümpchen gepresst, etwa so groß wie eine Fingerkuppe und wird separat gereicht. Man nimmt ein passendes Stück in den Mund und legt es sich auf die Zunge oder schiebt es sich in die Wangentaschen. Dann trinkt man den Tee in kleinen Schlückchen »über« den Zucker, bis sich das Klümpchen aufgelöst hat. Vielleicht nichts, was Zahnärzte unbedingt empfehlen würden, aber lecker.

Manchmal ist der Zucker auch aromatisiert und schmeckt nach Safran oder Zitrone. Statt mit Zuckerstücken kann man den Tee auch mit *Pullaki* (*Pull* bedeutet Geld) trinken. *Pullaki* sind etwa so groß wie ein Zwei-Euro-Stück, hauchdünn und ebenfalls aus Zucker. Durch ihre safrangelbe Farbe sehen sie aus wie Goldstücke, daher der Name. Oder man isst zum Tee etwas *Gaz*, eine Art weißen Nugat, oder *Sohan*, eine Süßigkeit aus Zucker, gekeimten Weizenkörnern, Safran, Pistazien und Mandelstiften, die ein bisschen an Karamell erinnert. All diese Süßigkeiten sind übrigens beliebte Mitbringsel.

Für Kaffeeliebhaber gibt es schlechte Nachrichten. Leider wird in den meisten Hotels nur Instantpulver serviert. Manchmal bekommt man auf Nachfrage allerdings frischen Espresso. In den Großstädten wie Schiras, Isfahan oder Teheran gibt es schicke Cafés, die durchaus mit dem europäischen Standard mithalten können. Mein Lieblingscafé in Teheran liegt an der Valiasr-Straße gegenüber vom Mellat-Park. Dort gibt es den leckersten Cappuccino. Oft sitze ich an einem der weißen Tische und beobachte einfach nur den Verkehr auf der Straße. Im Sommer bestelle ich dann das iranische Nationalgetränk *Dugh*, es besteht aus Joghurt, Wasser und Minze und ist sehr erfrischend.

Die Kunst des Taarof

Die iranische Gastfreundschaft zeigt sich überall, ganz gleich, ob bei der Fahrt mit dem Taxi, im Restaurant, im Hotel oder auf dem Basar. Es wird kaum eine halbe Stunde vergehen, in der man nicht mit einem breiten Lächeln und den Worten *Welcome to Iran* oder *Have a nice trip* begrüßt wird. Die Iraner sind sehr aufgeschlossen und neugierig. Viele von ihnen sprechen sogar Deutsch, weil die Kinder wohlhabender Familien während der Schah-Zeit von ihren Eltern in den Westen zum Studieren geschickt wurden. *Germany? Very good*, lautet meist der Kommentar. Voller Stolz erzählen sie dann zur oftmals zweifelhaften Freude der Deutschen, dass sie ja derselben Rasse angehören: den Ariern – denn Iran bedeutet schließlich auch »Land der Arier«. So steht auf dem Grabmal von Darius, dem ersten König von Persien, das sich in Naqsch-e Rostam befindet: »Ich bin Darius, der große König, ein Perser, Sohn eines Persers, ein Arier, welcher eine arische Abstammung hat.«

Besonders beeindruckend ist neben der Freundlichkeit das Interesse an ausländischen Besuchern. Immer wieder die Frage: »Wie gefällt Ihnen unser Land?« Die leichte Unsicherheit ist wohl auch Folge der jahrelangen Demütigungen durch die Amerikaner und der Einreihung als Schurkenstaat in die »Achse des Bösen«.

Vor einigen Jahren habe ich – gemeinsam mit einigen Kollegen vom NDR – eine Rundreise durch Iran gemacht, und alle waren überrascht, wie interessiert und herzlich man uns begegnete. Erstaunt war die Reisegruppe über das deutsche Kind in der Imbissstube, dass seine Cola geschenkt bekam. Und meine NDR-Kollegin Claudia Gorille kam mit einer Iranerin auf dem Imam-Platz in Isfahan ins Gespräch.

»Was für ein schönes Kopftuch Sie haben. So hübsch mit den wunderbaren Vögeln darauf«, sagte Claudia.

Daraufhin erwiderte das junge Mädchen: »Ich schenke es Ihnen.«

»Nein«, sagte Claudia, »das kann ich nicht annehmen.«

»Doch«, sagte das Mädchen. Dieses Wechselspiel ging ein paarmal hin und her, bis das Mädchen meinte: »Okay, wir tauschen einfach.«

Gesagt, getan. Beide hielten ihre Köpfe aneinander und versuchten mit verschränkten Armen die Tücher so zu tauschen, dass man ihre Haare nicht sehen konnte. Claudia trägt das Kopftuch übrigens noch heute, allerdings als Schal.

Dieses rituelle Hin und Her an Höflichkeiten nennt man *Taarof*. Es begegnet einem ständig in Iran. Taxifahrer beispielsweise wollen regelmäßig kein Geld annehmen, wenn es ums Bezahlen geht. Wenn der Fahrgast nach dem Preis fragt, bekommt er zu hören: *Ghabeli nadare!* − »Es ist nicht der Rede wert.«

Das geht dann mindestens drei Mal hin und her, bis der Taxifahrer nach einigen Worten der Dankbarkeit einen sehr genauen Preis fordert. Immer wieder passiert es Ausländern, dass sie diese Form der Höflichkeit missverstehen und einfach aussteigen. Da bleibt den Fahrern nichts anderes übrig, als hinterherzulaufen oder gar die Polizei zu holen.

Das Höflichkeitsritual wiederholt sich im gesamten Alltag der Iraner. Bei jedem Einkauf, bei jeder Bezahlung, bei jeder Dienstleistung − eigentlich immer. Auch wenn man eingeladen wird, gilt dieses Wechselspiel an Höflichkeiten. Man beharrt einfach darauf, etwas nicht annehmen zu können beziehungsweise unbedingt anbieten zu wollen.

Taarof hat in erster Linie den Sinn, dass beide Seiten, vor allem der Einladende, das Gesicht wahren können. Denn auch wenn jemand nicht die Mittel hat, sein Gegenüber einzuladen, hat er es dennoch versucht und sogar mit Nachdruck darauf bestanden. Es ist also unabdingbar, dieses Spielchen mitzuspielen und ein Angebot mindestens einige Male abzulehnen, bevor man darauf eingeht.

Taarof tritt in vielen Formen auf. Zum Beispiel wenn man jemanden auf der Straße nach dem richtigen Weg fragt und dieser trotz Unwissens vorgibt, sich auszukennen, nur um einen nicht zu enttäuschen. Übertriebene Höflichkeit ist ein wichtiger Teil der iranischen Kultur. Steht man mit einer größeren Gruppe von Freunden vor einer Haustür, könnten Minuten vergehen, bis der Erste hineingeht. Jeder möchte seinem Nebenmann den Vortritt lassen und bietet höflich lächelnd an, hinter ihm zu warten, egal, ob es regnet oder man es draußen vor Hitze oder Kälte kaum aushalten kann. So geht es auch mit dem letzten Stück Kuchen, dem letzten Keks auf dem Teller oder Ähnlichem. Möchte man dieses essen, wird es erst einmal jeder einzelnen Person mit Nachdruck mehrmals angeboten, bevor man es schließlich selbst vertilgen kann.

Auf jeden Fall sollten Sie sich das Wort *Befarmaid* merken, falls Sie nach Iran reisen möchten. Sie hören es ständig, denn es passt zu zahllosen Gelegenheiten und hat mehrere Bedeutungen, die vom jeweiligen Kontext abhängig sind: »Nach Ihnen, bitte!«; »Bitte treten Sie ein!«; »Bitte greifen Sie zu!« Und noch vieles andere mehr.

Ein Beispiel aus dem persischen Alltag: Ich besuche spontan und unangekündigt meine Tante Schahnaz:

»*Salam Bitajun!* (Hallo, Bita-Liebling!) *Bah Bah!* (Persischer Ausruf der Freude.) Wie geht es dir, *Junam!* (Mein Liebling.) Schön, dass du da bist. *Ghadamet-ro čašm!* (Du kannst auf meinen Augen gehen, bedeutet so viel wie: Ich bin klein in deiner Gegenwart, du bist immer gern gesehen.) *Befarmaid!* (Bitte setz dich.) Ich bringe gleich Tee.«

»Aber nein, vielen Dank. Ich möchte nicht lange bleiben.«

»Das kommt überhaupt nicht infrage, der Tee ist gleich fertig. Bitte nimm Platz.«

»Vielen Dank, ich habe gerade erst Tee getrunken. Mach dir bitte keine Mühe. Ich wollte wirklich nur kurz vorbeikommen und wissen, wie es euch geht.«

»Nein, ich bestehe darauf. *Man khake sire pat'am.* (Ich bin der Sand unter Deinen Füßen, bedeutet: Ich stehe dir gern zur Verfügung und helfe dir, wo ich nur kann.) Bitte bleibe zum Tee, zum Abendessen, du hast doch bestimmt Hunger, und ach, bleib doch gleich über Nacht.«

»Okay, ich nehme eine Tasse Tee, aber bitte mach dir keine Umstände.«

Natürlich blieb es nicht bei einer Tasse Tee, sondern es wurde ein Drei-Gänge-Menü zum Abendessen aufgetischt. Danach gab es Obst und wieder Tee, und ich bin selbstverständlich bis zum nächsten Morgen geblieben.

Taarof ist eine Wissenschaft für sich, eine Kunst, ein spitzfindiges Gesellschaftsspiel. Will heißen: die ureigene iranische Form des kultivierten Umgangs. Das Wort genau zu übersetzen ist so gut wie unmöglich. Mit vielen netten und höflichen Gesten sowie bildhaften, oft blumigen, ja manchmal sogar theatralischen Worten schenken sich die Iraner untereinander Aufmerksamkeit, vermitteln ihr Mitgefühl und versuchen, Peinlichkeiten zu vermeiden. *Taarof* ist eine Lebensphilosophie. Es bedarf schon einer großen Portion Erfahrung

und Einfühlungsvermögen, um sich dieses kunstvolle Regelwerk anzueignen.

Es ist schwer zu sagen, wo die Grenze beim *Taarof* liegt.
Selbst ich, die zwischen beiden Kulturen aufgewachsen ist,
erkenne manchmal nicht, wie lange und auf welche Art das
Spiel weitergeführt oder wann es beendet werden muss.

Isfahan – bunt gefärbte Küken zum Kuscheln

»Schau die ganze Welt dir an – die Hälfte davon ist Isfahan« – so lautet ein persisches Sprichwort. Die ehemalige safawidische Hauptstadt erlebte ihre Blütezeit im 16. und 17. Jahrhundert. Im Zentrum befindet sich der Imam-Platz, er soll angeblich der größte Platz der Welt sein. Prächtige Moscheen mit türkis- und goldfarbenen Kacheln auf ihren Kuppeln und Minaretten geben eine Kulisse ab wie in einem orientalischen Märchen.

Die Stadt liegt rund 400 Kilometer südlich von Teheran – 1500 Meter über dem Meeresspiegel – in einem riesigen Oasengürtel an den östlichen Hängen des Zāgros-Gebirges. Bitterkalte Winter, glutheiße Sommer. Auf den Feldern rund um die Stadt wachsen Zitrusfrüchte, Weintrauben und Wassermelonen. Im Zentrum von Isfahan befindet sich der majestätische Imam-Platz, auf dem der Schah früher Polo spielte – heute fahren dort Pferdekutscher ihre Runden und verdienen sich ein wenig Geld.

Die neun Hektar große Fläche soll angeblich der größte Platz der Welt sein – ein entsprechender Eintrag im *Guinness-Buch der Rekorde* findet sich allerdings nicht –, und er gehört zum UNESCO-Weltkulturerbe. Abbas I. ließ den Platz zwischen 1590 und 1595 unter dem ursprünglichen Namen Naqsch-e Dschahan (»Abbild der Welt«) südwestlich des bisherigen Stadtzentrums anlegen. Später wurde er auch Meidun-e Schah (»Königsplatz«) genannt und nach der Islamischen Revolution zu Ehren von Ajatollah Khomeini Meidun-e Imam (»Imam-Platz«).

Jedenfalls ist der Platz der imposanteste, den ich je zu Gesicht bekommen habe. Er ist 560 Meter lang und 160 Meter breit und größer als der Rote Platz in Moskau, prächtiger als der Petersplatz in Rom und eindrucksvoller als der Platz von Versailles. Der Imam-Platz ist nahezu exakt in Nord-Süd-Richtung ausgerichtet. Drumherum stehen doppelstöckige Arkaden, in der Mitte sind großzügige persische Gärten mit Wasserspielen, Wasserläufen und kunstvoller Bepflanzung angelegt. Familien picknicken auf den Wiesen, Kinder drehen auf dem Fahrrad ihre Runden oder nehmen ein Bad mit den Füßen im Springbrunnen. Junge Männer spielen Backgammon und trinken Tee.

An der südlichen Längsseite steht mittig der Ali Qapu, der Hohe-Pforte-Palast – ein annähernd siebzig Meter hoher tribünenartiger Vorbau. Von dort oben hat man den besten Ausblick auf den imponierenden Imam-Platz. Unter hohen Holztreppen, die das Dach des Vorbaus wie die Stangen eines Wüstenzeltes tragen, empfing der Schah vor der Kulisse seiner größten städtebaulichen Schöpfung ausländische Delegationen. Hier hielt er Gericht und ergötzte sich zusammen mit seinem Hofstaat am Treiben seiner Untertanen, auf das er wie auf eine Spielzeugwelt jederzeit herunterschauen konnte.

Gegenüber dem Palast steht die Scheich-Lotfolläh-Moschee. Durch eine fünfzehn Meter hohe, kunstvoll verzierte dreiseitige Eingangshalle gelangt man in den Gebetsraum mit einer gewaltigen Kuppel, um die sich kaligrafisch gestaltete Koransuren auf himmelblauen Kacheln winden. Vor allem Iraner sind hier anzutreffen, aber es kommen auch wieder mehr Reisende aus Frankreich, Italien, China und Deutschland. Im Gegensatz zu vielen anderen islamischen Ländern stehen die Moscheen in Iran außerhalb der Gebetszeiten auch andersgläubigen Besuchern offen. Die Imam-Moschee – auch Freitagsmoschee genannt – gehört zu einem der ältesten Gotteshäuser in Iran. Mit ihren beiden fast fünfzig Meter hohen Minaretten gilt sie außerdem als Meisterwerk der islamischen Baukunst – mit türkisfarbenen, leicht ins Blau gehenden, sonnengelben Kacheln mit floralen Ornamenten. Der weite Innenhof ist umgeben von vier lichtdurchfluteten Säulenhallen, die jeweils kleine Grabmäler beherbergen. Meist hat man den Bauch der Moschee für sich allein, die auf den blanken Steinplatten wiederhallenden eigenen Schritte sind die einzigen Geräusche, und die gewaltige Leere, durch die man treibt, verdeutlicht einem die eigene Winzigkeit.

Der Gang durch die vier Kuppelhallen mit den Säulen offenbart die Vielfalt der Stile und Ideen, aus denen in mehr als tausend Jahren dieses Werk zu Ehren Allahs entstand. Die meterdicken Kuppeln mildern die Hitze des Sommers und die Kälte des Winters. Lehmziegel sind das älteste Baumaterial in den Wüsten des Orients. Einfach in der Sonne getrocknet, halten sie als konstruktive Elemente in tragenden Wänden und Kuppeln viele Jahrhunderte auch extremer Witterung stand. Dann zerfallen sie wieder zu dem, was sie einmal waren – zu Erde. Die Ziegel der Freitagsmoschee sind größtenteils gebrannt. Sie dienen oft als Baumaterial und Schmuckdekor in einem. Die Besonderheit der Moschee besteht darin, dass die beiden Minarette neben dem Hauptportal nicht parallel zu den beiden Minaretten neben der Gebetshalle im Hof stehen, sondern einen Winkel von 45 Grad bilden. Dafür gibt es eine ganz einfache Erklärung: Während die Moschee gen Mekka ausgerichtet ist, weicht der Imam-Platz von dieser Richtung ab.

Stuckateure sind ständig dabei, das Gebäude zu restaurieren – so etwa Bahram Assadi, der sich gern bei seiner Arbeit über die Schulter schauen lässt. Nach altem Muster fertigt er Gipsteile und setzt sie ganz sorgfältig in das geschädigte Gewölbe ein. Gleich neben Bahram sitzt ein Fayencekachelmacher. Wer ihm zuschaut, kann erahnen, wie das Puzzle aus Millionen einzelner Kachelteile entstanden ist, aus dem die kunstvoll geschmückten Fassaden und Minarette bestehen.

Vor der Islamischen Revolution hieß die Moschee übrigens »Schah-Moschee«. Erbaut wurde sie zur Blütezeit der Safawiden im 16. und 17. Jahrhundert, und es ist nicht schwer zu erraten, wie sie heute heißt. Ganz recht: »Imam-Moschee«.

Nur ein paar Gehminuten vom Imam-Platz entfernt liegt der Tschehel-Sotun-Palast, der »Palast der vierzig Säulen«. Der Bau steht mitten in einem etwa fünf Hektar großen Garten, umgeben von Platanen und Pinien. Die Anlage wird durch ein lang gezogenes Wasserbecken auf der Mittelachse in zwei Teile geteilt. Die zwanzig hölzernen Säulen des offenen Vorbaus spiegeln sich im Wasser – deshalb auch der Name.

Ganz in der Nähe befindet sich das Armenierviertel Dschulfa. Es gehört zu den ältesten Stadtteilen Isfahans. Schmale gepflasterte Straßen winden sich zwischen ein- und zweistöckigen Häusern aus Ziegelsteinen. Anfang des 17. Jahrhunderts hatte der Safawiden-Herrscher Abbas I. Armenien erobert. Als jedoch die Osmanen mit ihrer gewaltigen Streitmacht anrückten, beschloss er, die Armenier aus dem Kaukasus nach Isfahan zu holen und den Osmanen »totes Land« zu hinterlassen. Die Rechnung ging auf. Die Osmanen besetzten das Gebiet, zogen schließlich aber hungernd wieder ab. Und die christlichen Armenier, sie blieben im schiitisch-muslimischen Isfahan und halfen dabei, Isfahans Glanz als Reichshauptstadt zu begründen. Unter ihnen waren viele Geschäftsleute, gute Handwerker und Künstler. Sie haben maßgeblich zur Entwicklung der Stadt Isfahan und des gesamten Irans beigetragen.

Die 400-jährige Geschichte der Armenier in Isfahan ist ein deutlicher Beweis dafür, dass Angehörige verschiedener Religionen durchaus friedlich zusammenleben können. Das gilt vor allem für das Miteinander von Muslimen und christlichen Armeniern. In Erinnerung an ihre alte Heimat Dschulfa haben Letztere ihren Stadtteil in Isfahan Neu-Dschulfa genannt. Auch ihre Kirchen und religiösen Einrichtungen tragen dieselben Namen wie in Alt-Dschulfa. Zwölf Kirchen und die beeindruckende Vank-Kathedrale gibt es derzeit noch in Isfahan, in denen regelmäßig Gottesdienste gefeiert werden. Die von der Islamischen Republik anerkannten religiösen Minderheiten genießen volle Religionsfreiheit. Außerdem sind sie durch eigene Abgeordnete im Parlament vertreten. Die knapp 100 000 Armenier stellen drei von 300 Abgeordneten. Die Armenier haben sich auch am Iranisch-Irakischen Krieg beteiligt, sowohl an der Front als auch hinter den Linien.

Beim Aufbau von Dschulfa vor 400 Jahren haben die Armenier in Isfahan auf die sonst übliche Bauweise ihrer Kirchen und Häuser verzichtet. Ihre neuen Gotteshäuser bekamen, anders als die Kirchen in der kaukasischen Heimat, nun keine spitz zulaufenden Dächer mehr, sondern runde Kuppeln wie die Moscheen. Sie sprechen untereinander Armenisch, haben eigene Schulen, Geschäfte, eigene Vereine und eigene Organisationen. In ihren Schulen lehren sie ihre Sprache, Literatur und Geschichte. Ihre Kinder bekommen christlichen Religionsunterricht und werden zweisprachig unterrichtet: Persisch in den Hauptfächern, Armenisch in den Fächern, die mit ihrer eigenen Kultur und Geschichte zu tun haben.

Nicht weit vom Armenischen Viertel entfernt gelangt man zur Si-o-se Pol, auch 33-Bogen-Brücke genannt. Sie wurde 1602 auf Befehl von Abbas I. durch seinen Feldherrn Allahverdi Khan gebaut. Ihr Zweck war es, eine Anbindung der neu gegründeten Armeniersiedlung Dschulfa ans Zentrum von Isfahan zu schaffen. Die 290 Meter lange und knapp vierzehn Meter breite Brücke ist ein erstaunliches Stück Ingenieurskunst. Mein Mann und ich haben noch vor einigen Jahren unter der Brücke in einem kleinen Lokal Tee getrunken, leider wurde die Teestube inzwischen dichtgemacht. Das passiert öfter mal, einfach so von heute auf morgen. Entweder war sie zu gut besucht, oder es wurde dort Wasserpfeife geraucht, was immer wieder verboten wird. Aber mit ganz viel Glück findet man auch heute noch versteckte Teestuben, die hinter verschlossenen Türen in den Seitenstraßen der Basare existieren. Dort sitzen die Einheimischen, trinken Tee und rauchen heimlich *Ghaylun*. Übrigens sind die Teestuben ein beliebter Treffpunkt für Verliebte.

Auch wenn unser geliebtes Lokal unter den doppelstöckigen, aus gebrannten Ziegeln gemauerten Spitzbögen nicht mehr existiert, lohnt sich ein Spaziergang – besonders bei Sonnenuntergang, wenn auch auf der belebten Brücke eine gewisse abendliche Ruhe eingekehrt ist. Dann wird die Brücke beleuchtet und strahlt wie ein Stern in der Nacht. Man kann sich einfach auf die Ufermauer setzen und dem Gewimmel zusehen und sich wie ein richtiger Esfahani fühlen.

Am Abend trifft sich hier die halbe Stadt zum Klönen und Singen. Es erklingen verträumte Lieder über Liebe und Freude. Einige Männer verkaufen piepsende, pink, lila und blau gefärbte Küken – lebendige Kuscheltiere für die Kinder. Die gerade erst geschlüpften Vögel sitzen in einer Pappschachtel und werden an den Tagen vor dem iranischen Neujahrsfest zum Spielen verschenkt.

Weiter flussabwärts liegt die Pol-e Chādschu – ein architektonisches Juwel wie aus Tausendundeiner Nacht und eines der Wahrzeichen der Stadt. Zahllose Treppen führen hinunter zum Flussbett. Die Brücke ist ebenfalls zweistöckig und hat 23 Backsteinbögen. Der obere Teil des etwa 130 Meter langen und zwölf Meter breiten Bauwerks ist auf beiden Seiten mit überwölbten Galerien versehen, die Fußgänger vor der Sonne schützen, die auf dem unteren Teil flanieren können. In der Mitte befindet sich ein achteckiger Ausbau mit einer Aussichtsplattform. Oft hat der Schah hier gestanden und Wettkämpfe auf dem Wasser beobachtet. Heute ist das Bett des Leben spendenden Flusses Zayandeh Rud meistens trocken. Es fließt kein Wasser mehr, weil zu viel von dem kostbaren Nass entnommen wird – ein trauriger Anblick.

Isfahan ist umstellt von riesigen und extrem durstigen Industrieanlagen zur Herstellung von Stahl, Kunstgarn, Ziegelstein, Benzin und vielem mehr. Nur für ein paar Wochen im Jahr füllt sich der Fluss mit Wasser. Dann drehen die Einheimischen und auch einige Touristen mit kleinen Booten ihre Runden. Oder sie machen Picknick, Musik und plaudern. Manche Männer lassen die Perlen ihrer Gebetskette durch ihre Finger gleiten und murmeln in ihre Bärte. Sie zitieren Verse aus dem Koran oder klassische persische Poesie. Hier kommen sie zur Ruhe und entspannen sich ein wenig.

Übrigens sollten Sie es auf keinen Fall versäumen, einen Abstecher ins Hotel Abbasi zu machen. Das Hotel, eine ehemalige Karawanserei aus der Zeit der Safawiden, zählt mit seiner prunkvollen Innenausstattung und seiner außergewöhnlichen Architektur zu den eindrucksvollsten Bauwerken der Stadt. Vor dem Eingang stehen zwar Pförtner in historischen Trachten, aber der Zugang ist auch dann gestattet, wenn man nicht Gast des Hotels ist. Die prächtige Innendekoration der Lobby ist nach safawidischem Vorbild mit Gold verziert, eine mit rotem Teppich ausgelegt Treppe führt nach oben zu den Zimmern. Von der Lobby aus tritt man durch eine Glastür hinaus in den wundervollen Garten mit Wasserbecken, einem Restaurant und Teehaus – hier sollten Sie unbedingt das Safraneis probieren.

Können Sie sich vorstellen, dass an die 25 000 Juden in Iran leben? In Isfahan gibt es die wohl größte jüdische Gemeinde im Nahen Osten, außerhalb Israels natürlich. Schlendert man durch die zentral gelegene Palästinenserstraße – ja, sie heißt wirklich so – kann man die Juden beim Morgengebet in der Jusuf-Synagoge hören. Das jüdische Gotteshaus ist ein schwerer, zweistöckiger Betonbau. Nur der sechszackige Davidstern und die hebräische Inschrift über dem Eingang verraten, dass das schmucklose Gebäude eine Synagoge ist. Übrigens eine von rund 25 in ganz Iran.

Seit rund 2600 Jahren leben Juden in der islamischen Republik, sie haben iranische Wurzeln. Tatsächlich bilden die 1500 Juden von Isfahan eine der ältesten jüdischen Gemeinden weltweit. Sie haben hier ihre Geschäfte, ihre Häuser, sie können heiraten, wen sie wollen, und verdienen sehr gut. Fast niemand wandert aus. Die Araber nannten Isfahan einst *Median Al Jahudia* – die jüdische Stadt, weil hier viele Juden lebten und ihr Einfluss groß und sichtbar war. Aber es kam, wie es häufig kommt, wenn Minderheiten erfolgreich sind. Immer wieder wurden die Juden von Neidern angefeindet.

Seit der Revolution haben die Juden mehr Freiheit. Ohne Probleme können sie beten und genießen die gleichen Rechte wie die Muslime. Sie leisten auch ihren Militärdienst. Die Synagogen in Isfahan sind alle unspektakulär, unscheinbar, und anders als in arabischen Ländern patrouillieren vor den Gebäuden keine Polizisten. Seit 2500 Jahren sind die Juden Teil dieser Stadt, Teil dieses Landes und Teil der iranischen Kultur.

Pinsel aus Katzenhaar

Mit riesigen Augen, ganz gespannt guckt meine Tochter Mina auf die Hände von Mostafa Fotowat – die Bilder des Künstlers sind weit über die Grenzen Irans bekannt. Sein Geschäft liegt versteckt in einer Seitenstraße im hinteren Teil des Basars von Isfahan. Der grauhaarige, schmächtige Mann trägt eine Brille. Auf einem kleinen Elfenbeinstück, kaum größer als eine Siebzig-Cent-Briefmarke, zeichnet er mit einem haarfeinen Pinsel, den er vorher in ein schwarzes Tintentöpfchen getaucht hat, ein Porträt des Dichters Hafis.

»Meine Pinsel sind aus Katzenhaar, gehalten von Taubenfedern«, erzählt Mostafa Fotowat.

Die Farbe mischt er selbst aus Gummiarabikum und Pigmenten. Kaum zu glauben, aber innerhalb von ein paar Minuten ist der Künstler fertig. Auf die Frage hin, wer denn die oder der Jüngste im Raum sei, reißt meine Tochter ihren Arm in die Höhe und ruft: »Ich bin die Jüngste hier.«

Daraufhin schenkt der Mann ihr das Bild, und Mina strahlt über das ganze Gesicht.

Das Handelszentrum befindet sich an der nördlichen Seite des Imam-Platzes und ist ein Gewirr aus kleinen Gassen. Die Gewölbe des Basars von Isfahan verbinden die alte Stadt mit der neuen. Überall gibt es überladene Geschäfte, alte iranische Bäder, Volksküchen und traditionelle Restaurants. Hier herrscht – anders als beispielsweise auf dem Basar von Kairo – eine ruhige Atmosphäre. Es ist auch weniger hektisch als auf dem Basar von Teheran. Dafür gibt es in Isfahan deutlich mehr Kunsthandwerker, denen man bei ihrer filigranen Arbeit über die Schulter schauen kann.

Die Miniaturmalerei hat in Iran eine lange Tradition. Bereits zur Jahrtausendwende schmückten Katzen, Vögel und Liebespaare die Verse berühmter Dichtungen wie das *Schāhnāme* – das »Buch der Könige«, unser persisches Nationalepos. Mostafa Fotowat verkauft seine kleinen Miniaturmalereien heute nach Asien, Europa und in die USA. Nebenan gibt es eine Silber- und Kupferschmiede sowie eine Stoffdruckerei. Die Stoffdrucker von Isfahan sind legendär; ihre kunstvoll bedruckten Tischdecken, Läufer und Überdecken sind nicht nur in Iran begehrt, die Stoffe werden vor allem auch nach Spanien und Deutschland exportiert.

»Die Stempel werden aus Birnenholz per Hand gefertigt, maschinell geht das nicht«, erzählt der Künstler Reza.

Das Muster wird vom Schnitzer selbst entworfen, und die Farben werden von den Stoffdruckern angerührt – dann werden die Stempel damit bestrichen, bis jede kleinste Verästelung des Musters bedeckt ist. Die Stempel müssen ganz genau aufgesetzt werden, damit sich die unterschiedlichen Farben nicht vermischen und die Linien deutlich herauskommen. Ich komme nicht darum herum, mir eine von diesen wunderschönen Tischdecken für zu Hause mitzunehmen, obwohl wir natürlich schon etliche davon haben. Umgerechnet vierzig Euro möchte Reza für seine kleine, achtzig mal achtzig große Tischdecke haben. Ich handle ihn auf dreißig Euro herunter und verlasse glücklich mit meiner Familie das Geschäft.

Duftende Kräuter, gewaltige Kuppeln

Wunderschöne Gewölbe, Lagerhäuser, die Karawansereien genannt werden, wertvolle Teppiche, Gold und Seide. Für Fremde ist der Basar eine Art Freilichtmuseum und zugleich eine Orgie aus Farben, Geräuschen und Düften.

In Iran gehört der Besuch des Basars immer noch zum Alltag dazu. Hier treffen sich Jung und Alt und tauschen sich aus. Dabei geht es nicht nur um Teppiche und Gewürze, sondern auch um Politik und Macht. Für die Regierung ist es stets von Bedeutung, die Basaris auf ihrer Seite zu wissen. Traditionell konservativ, stützen sie auch heute noch das politische System. Besonders auffällig ist daher, dass dort mehr Frauen als anderswo einen schwarzen Tschador tragen.

Und sie sind jedes Mal ein Genuss für die Sinne – Irans Basare. Leider verlieren sie bei einem Teil der Bevölkerung an Bedeutung, da die gehobene Mittelschicht moderne Läden bevorzugt. Neumodische Einkaufszentren nehmen in den großen Städten stetig mehr Platz ein. Was nicht bedeutet, dass es auf den Basaren nicht zu manchen Tageszeiten noch von Einheimischen wimmelt, die dort ihren Wocheneinkauf machen.

Der große Basar von Teheran liegt direkt an der Metrostation Panzdah-e Khordad, also mitten im Stadtzentrum. Steigt man die Treppen aus dem U-Bahn-Gewölbe hinauf, fällt man quasi direkt hinein in den Basar. Bereits vor dem Eingang herrscht ein wildes Durcheinander. An manchen Tagen und vor allem nachmittags drängeln sich Menschenmassen durch die einzelnen Gänge.

Seit fast tausend Jahren wird hier Handel betrieben, wobei die Backsteinkonstruktion, die das Markttreiben überdacht, erst seit etwa 200 Jahren besteht. Der Basar erstreckt sich auf 200 Hektar mit etwa 30 000 Geschäften. Er ist so groß, dass er einer kleinen Stadt gleicht – sozusagen eine Stadt in der Stadt, mit Gasthäusern, Banken, traditionellen Restaurants, Teehäusern, einer Feuerwehr und Moscheen. Ein Ort mit einer großen Vergangenheit und einer faszinierenden Gegenwart. Hier gibt es alles, was das Herz begehrt: Gold, Teppiche, Schuhe, Kleider, Haushaltsgeräte und vieles mehr. Unter hohen Kuppeln klopfen Kupferschmiede Metall, da werden Messer geschliffen und Lederschuhe genäht. Ja, hier kann man sich noch seine Kleidung maßschneidern lassen, seien es Anzüge, Abendkleider oder eben Schuhe.

Allerdings geht diese Tradition auch langsam zu Ende. Wegen mangelnder Nachfrage mussten viele Handwerker ihren Platz räumen für billige Erzeugnisse aus Südostasien.

An jeder Ecke in Teheran eröffnen mittlerweile kleine Supermärkte und Drogerien, sehr zum Leidwesen einiger Basaris. Früher konnten sie mit Kosmetikprodukten noch viel Geld verdienen, inzwischen ist das nicht mehr so. Manche haben ihre Geschäfte auf dem Basar dichtgemacht, weil es sich einfach nicht mehr lohnt. Auch die Eisenproduktion hat nachgelassen, und es finden sich nur noch zwei Schmiede in der Gasse. Ihr Hämmern ist kaum noch zu hören, nur einige wenige Geschäfte bieten noch Kupferprodukte an, da die Konsumenten heute Aluminium und Teflon bevorzugen.

Einige traditionelle Güter sind zum Glück geblieben. Zum Beispiel Pistazien – eine iranische Spezialität. In breiten Körben liegen verschiedene Sorten: salzig, sauer oder mit Safran gewürzt. Angebaut werden die Nüsse in der Nähe von Teheran. Das Geschäft ist hart – vor ein paar Jahren habe ich je nach Qualität noch sechs, sieben Euro für ein Kilo bezahlt, inzwischen kostet das Kilo achtzehn bis zwanzig Euro. Ein Grund dafür ist die hohe Inflationsrate.

In einer anderen Gasse weht einem der Duft von allerlei Gewürzen um die Nase: Estragon, Kurkuma, Thymian und Safran. Achten Sie unbedingt darauf, dass der Safran aus Maschhad kommt, falls Sie welchen kaufen möchten, denn aus der Stadt im Nordosten Irans stammt der beste. Alle Sinne werden wach, überall Menschen, Farben, Gerüche. Dazu ratternde Geräusche – Männer ziehen per Hand ihre schweren Karren, vollgepackt mit riesigen Kartons, und rufen dabei: *Voisa. Mowaseb bashid!* – »Stopp, passen Sie auf!« Sie beliefern die Basaris, die Stoffhändler, Goldhändler und Teppichverkäufer. Ab und zu kommt ein Motorradkurier vorbei, sogar Autos und Kleinlaster.

Auf dem Basar schlägt das wirtschaftliche Herz Teherans, hier wird Politik gemacht, diskutiert und gebetet. Viele der Basaris sind religiös, deshalb gibt es auch einen Schrein mit dem Grab eines der zwölf Imame, die den Schiiten heilig sind. Hier herrscht im Gegensatz zum Basar eine himmlische Ruhe. Vor allem mittags versammeln sich die Basaris in dem heiligen Raum, um ein wenig auf andere Gedanken zu kommen und dem Trubel zu entweichen – wenigstens für eine gewisse Zeit.

Angeblich soll der Große Basar von Teheran der größte der Welt sein. Mit seiner Länge von ungefähr zehn Kilometern will ich das auch gern glauben. Hier arbeiten etwa 100 000 Menschen. Es herrscht eine quirlige Atmosphäre, überall wird um den Preis von Teppichen, Haushaltsgeräten oder Damenunterwäsche gefeilscht. Die Händler sind alle überaus freundlich und würden einen Kunden nie zum Kaufen animieren. Man kann ganz entspannt stöbern und sich in Ruhe umschauen. Zudem ist alles hell und sauber, es lohnt sich auf jeden Fall, hier einen ganzen Tag zu verbringen und sich einfach treiben zu lassen. Doch wenn man alles sehen möchte, dann braucht man bestimmt zwei bis drei Tage.

Über die Mittagszeit hat der Basar für ein paar Stunden geschlossen und macht erst am späten Nachmittag wieder auf, dafür aber bis in die späten Abendstunden. Gegen 22 Uhr schließen die ersten Läden wieder, die Rollgitter rasseln herunter. Auf dem Boden liegen dann Müll, Verpackungen, Tüten, Plastikfolien. Am nächsten Morgen ist alles wieder weggefegt, und ein neuer Tag beginnt.

An Feiertagen und freitags ist der Große Basar von Teheran geschlossen. Dafür gibt es aber den Djomeh Basar – den Freitagsbasar. Er liegt in der Nähe der Metro-Station Saadi. Oder man lässt sich mit einem Taxi zur Südseite der Khiabane-Jomhori-Eslami bringen. Jeder Taxifahrer kennt diesen Flohmarkt, er ist sehr beliebt. Auch ich gehe dort gern einkaufen. Er befindet sich etwas versteckt in dem Parkhaus Parvaneh auf mehreren Etagen. Hier gibt es Antiquitäten, aber auch moderne Handwerkskunst und Kleider, Berge von Tüchern, Taschen und Teppichen. Es wimmelt nur so von Gegenständen aus Haushaltsauflösungen und Omas Hausrat. Jedes Mal gerate ich in einen Kaufrausch. Von meinem Vater habe ich auch das Handeln gelernt. Er hat sich übrigens nicht davor gescheut, auch in Deutschland in den Geschäften zu feilschen – meistens hatte er sogar Glück.

Wenn ich etwas auf dem Djomeh Basar entdeckt habe, was mir gefällt, verzichte ich auf die höfliche Formulierung eines Fragesatzes und reduziere ihn auf ein einziges Wörtchen: *Tschand-e?* – »Wie viel?« Dabei schaue ich das Objekt der Begierde etwas gelangweilt an. Wer genügend Übung besitzt, lässt sich sein Interesse auf gar keinen Fall anmerken. Ich zahle niemals den genannten Preis, da die Händler für mich grundsätzlich den höheren Kurs veranschlagen, schließlich hören sie an meinem Akzent sofort, dass ich Ausländerin bin. Nach allen Regeln der Kunst handele ich dann einen angemessenen Nachlass aus, sodass der Verkäufer immer noch einen guten Gewinn macht, andernfalls hätte er die Ware nicht verkauft. Ist er nicht bereit, mir entgegenzukommen, gehe ich manchmal langsam weiter – wenn alles gut läuft, ruft er mich mit einem besseren Angebot zurück. Das

Feilschen gehört einfach dazu und macht mir ungeheuer Spaß.

Mit meiner Beute schlängele ich mich schließlich weiter durch die verschiedenen schmalen Gänge des Basars. Auf dem Boden sind Decken ausgebreitet mit wundervollen Schätzen darauf: indische seidene Tischdecken, Kissen, englisches Tafelsilber, filigraner Schmuck, farbenprächtige Gewänder, schimmernde Perlen und Edelsteine, bunt bemalte Teller, schön verzierte Vasen, Räucherstäbchen, Kelims und Samoware aus Messing. Das Angebot verwirrt die Sinne, kaum jemand kann widerstehen und geht tatsächlich mit leeren Händen nach Hause. Je später es wird, desto voller wird der Basar. Wegen des großen Andrangs sollte man so früh wie möglich hinfahren.

Hoch im Norden von Teheran, im Bezirk Schemiran, liegt der Basar Tadschrisch, direkt an der gleichnamigen Metro-Station. Mein Lieblingsgeschäft ist der Safranladen. Im Schaufenster stehen riesige gläserne Karaffen, gefüllt mit Safranfäden. Unglaublich, welche Schätze da stehen, denn das Gewürz ist sehr teuer, auch in Iran. Allerdings immer noch günstiger als in Europa.

Safran, der König der Gewürze, ist für die Iraner etwas ganz Besonderes. Obwohl er sehr teuer ist, wird Safran in fast allen iranischen Gerichten verwendet. Schließlich isst das Auge ja mit, und es sieht wirklich toll aus, wenn etwa der Reis mit Safran gekocht wird und hinterher golden glänzt. Zudem gibt es Safrantee und Safraneis.

Gelangt man in die Mitte des Basars, stößt man auf den *Tare-Bar*-Bereich, die Gemüse- und Obstabteilung. Unfassbar, was für Berge von Kräutern, Früchten und Gemüsesorten es hier gibt. Alles ist wunderschön und akkurat dekoriert, sodass man aus dem Staunen nicht mehr hinauskommt. Hier kaufe ich jedes Mal *Torschi* – sauer eingelegte Oliven, Blumenkohl, Auberginen oder Paprika. *Torschi* wird zu den Hauptmahlzeiten gereicht, denn Iraner lieben ja bekanntlich Saures.

Von der Obst- und Gemüseabteilung gehen sternförmig verschiedene Gänge ab. In einem stapeln sich überall Kartons mit iranischen Süßigkeiten, Pistazien und Datteln. Ich erinnere mich noch, dass die Schachteln früher, in meiner Kindheit, schlicht weiß waren – heutzutage sind sie hübsch verziert mit orientalischen Mustern. Manchmal kaufe ich *Schirini* (Süßigkeiten) schon allein deshalb, weil die Verpackung so schön aussieht; hinterher benutze ich sie dann als Keksdose oder als Geschenkhülle. In einer Auslage liegen *Jalebis*, frittierte Mehlkringel, die mit Zuckersirup umhüllt sind. Daneben liegt *Lavaschak* – saure Platten aus pürierter und gepresster Fruchtmasse. Sie sind in Iran sehr beliebt und schmecken so ähnlich wie Fruchtleder. An einem anderen Stand sind Gewürze, Tee und Blüten liebevoll zu bunten Pyramiden aufgeschichtet. Kupferschmiede bieten riesige Töpfe an – sie sind so groß, dass ein ganzes Schaf darin gekocht werden könnte. Antiquitätenhändler verkaufen hübsche Kohlebügeleisen, fein dekorierte Metallkaraffen und filigrane Öllampen, aus denen jederzeit ein blauer Dschinn entwischen könnte.

Basar meiner Kindheit

In der iranischen Provinz Ost-Aserbaidschan, zwischen Hochhäusern und ausufernden Flachbausiedlungen, liegt der Basar von Täbris. Der alte Handelsplatz ist eine Millionenstadt und zieht Besucher wie ein Magnet an. Er ist der größte der Welt und sicherlich eine der lebendigsten Welterbe-Stätten. Täbris war Dreh- und Angelpunkt der Seidenstraße in Iran, den alle erdenkbaren Waren passierten – heute ist Täbris eines der größten kulturellen Zentren im iranischen Aserbaidschan. Es herrscht ein kontinentales Klima mit einem milden Sommer und kaltem Winter. Es regnet kaum, und der Schnee wird meist von den umliegenden Bergen aufgehalten. Die Täler sind regelrechte Oasen, so fruchtbar, dass um die Dörfer herum Gerste, Reis, Tee und Tabak wachsen. Man nennt Aserbaidschan deshalb auch die Kornkammer Irans.

Aber das Aushängeschild der Stadt ist der Basar – für mich einer der eindrucksvollsten Handelsplätze, die ich je gesehen habe. Nein – nicht, weil mein Vater aus Täbris stammt, sondern weil dieser Basar so einzigartig ist. Auf mehr als sieben Quadratkilometern erstrecken sich überdachte Gänge und Plätze wie ein Labyrinth – Torbögen und Kuppeln verzieren die Wege des Marktes. Die Dächer dienen im Mittleren Osten normalerweise als Sonnenschutz, doch hier schützen sie vor Kälte, denn im Winter herrschen in Täbris Temperaturen bis minus zwanzig Grad, und das wochenlang.

Der historische Basarkomplex besteht aus mehreren Einzelbasaren, wie dem Amir-Basar für Gold und Schmuck, dem Schuhbasar, dem Teppichbasar Mozaffarieh und vielen anderen mehr. Seine Blütezeit erlebte der Basar im 16. Jahrhundert nach Christus, als Täbris die Hauptstadt der Safawiden war. Auch nachdem es den Status der Hauptstadt im darauffolgenden Jahrhundert verloren hatte, behielt der Basar seine Bedeutung als Handels- und Wirtschaftszentrum. Von Osten kamen die Karawanen aus den Bergen, um am Fluss zu rasten. Hier tauschten sie Tiere und Waren, und die ersten Karawansereien entstanden. Man kann nachempfinden, wo die Reisenden und ihre Tiere untergebracht waren: Heutzutage befinden sich in den Karawansereien die Geschäfte, Lagerräume und Werkstätten. Alles auf einer Fläche von 27 Hektar, mit insgesamt 36 Kilometer langen Gängen, in denen man sich leicht verlaufen kann.

Der bis heute flächenmäßig größte überdachte Markt der Welt ist seit 2010 von der UNESCO als Weltkulturerbe geschützt. Jeder Gang hat seine eigenen Waren, seine eigene Klientel: Schneider, Kupferschmiede, Juweliere oder Stoffhändler. Auch Schuhe, Haushaltswaren und Gewürze haben ihren eigenen Platz. Auf dem Juwelenbasar glitzern und leuchten die Edelsteine und das Gold. Im nächsten Gang gibt es lauter Geschäfte, in denen Samoware verkauft werden – anders als in Europa, wo man sein Geschäft niemals neben der Konkurrenz eröffnen würde.

Diese Häufung ist typisch für die Basare in Iran. Schon vor tausend Jahren haben die Iraner begriffen, dass man Warenzonen und Gilden schaffen muss. Niemals würde ein iranischer Geschäftsmann seinem Nachbarn die Kunden abspenstig machen – die iranische Höflichkeit verbietet es. In den Gilden wurden Preisabsprachen getroffen, um den Markt stabil zu halten. Ein etwas undurchsichtiges System, welches aber seit Jahrhunderten funktioniert. Die Mehrheit der Basaris sind Eigentümer ihres Ladens, der oft schon seit Generationen in Familienbesitz ist.

Besonders beeindruckend ist der Teppichbasar. Hier lagern die schönsten und kostbarsten Exemplare Persiens. Riesige, kiloschwere Läufer türmen sich in den Vorhallen der Teppichgeschäfte übereinander oder liegen ausgebreitet auf dem Boden, wo sie von fachkundigen Augen geprüft werden. Blüten, Blätter und Ranken – die Hauptmotive in der muslimischen Handwerkstradition – verbinden sich zu wunderbaren Formen. Perserteppiche gehören zu den wertvollsten Teppichen der Welt. Ihre Herstellung ist extrem aufwendig. Für einen einzigen Teppich sind mehrere Millionen Knoten notwendig. Jedes Ausstellungsstück ist eine Investition.

In einer ehemaligen Karawanserei neben dem Teppichbasar liegt eine Knüpferei. Noch vor einigen Jahren haben hier sieben Knüpfer an vier Teppichen gleichzeitig gearbeitet – heute sind sie nur noch zu dritt. Etwa 6000 Knoten schafft der Meister am Tag. Ganze vier Jahre benötigt er für einen Teppich mit vierzehn Millionen Knoten. Täbris ist berühmt für seine Teppiche – es lohnt sich, durch die großen Hallen und Gewölbe zu spazieren, um die schönsten Stücke zu bewundern.

Schon als Kind habe ich hier oft Zeit verbracht, wenn ich mit meinen Eltern in meiner zweiten Heimat zu Besuch war. Auf einer meiner letzten Reisen traf ich sogar zufällig meinen Cousin Jusuf wieder.

»Was für eine Überraschung, Bitajun. Das letzte Mal haben wir uns vor 45 Jahren auf meiner Hochzeit gesehen. Du musst sechs oder sieben Jahre alt gewesen sein«, erzählt Jusuf freudestrahlend.

Meine Gedanken schweifen in die Vergangenheit, und sofort bin ich glücklich, so schön war die Zeit damals. Wir Kinder spielten regelmäßig auf dem Basar. Mit meinen Brüdern, Cousins und Cousinen tobte ich auf den Teppichen herum, oder wir spielten Verstecken im Garten meines Onkels, in dem zahlreiche Obstbäume standen, auf die wir kletterten, um die saftigen Früchte zu pflücken: Orangen, Kirschen oder kleine süße Äpfel.

Mein Cousin betreibt heute das Geschäft seines verstorbenen Vaters, meines Lieblingsonkels Dariusch. *Batscheha-ye Basar,* die Kinder des Basars, nennen sich die alteingesessenen Familien. Sie genießen das höchste Ansehen in der Stadt. Der Teppichbasar ist auf zwei Stockwerke verteilt. Mein Cousin führt uns über eine schmale gewundene Stiege hinauf in die obere Etage, wo die Büros und Arbeitszimmer untergebracht sind. Heute ist Zahltag. Auf dem Basar bekommen die Angestellten ihren Lohn in bar – Jusuf nimmt aus einer Kasse dicke Geldschein-Bündel und reicht sie seinen Mitarbeitern. In einem Arbeitszimmer neben dem Büro werden unter anderem die Muster der kostbaren Perserteppiche auf Papier entworfen, bevor sie in mühevoller Kleinarbeit hergestellt werden. Leider reicht die Zeit nicht mehr, sich alles genau anzusehen, ich muss mich bald wieder von Jusuf verabschieden.

Kandovan – Wohnen in der Wabe

In der Provinz Ost-Aserbaidschan liegt Kandovan, das einzige noch bewohnte Höhlendorf des Landes. Die Wohnungen sind in grauen Sandstein geschlagen, lediglich Fenster und Türen sind von außen sichtbar. Aus der Ferne ähnelt der seltsame Ort dem Wabenstock eines Bienenvolkes – weshalb er viele Touristen anzieht.

Der Weg führt durch ein grünes Tal mit zahlreichen Mandelbäumen, Wacholdersträuchern und wilden knorrigen Olivenbäumen an einem wasserreichen Fluss entlang. Eine schmale Schotterstraße steigt einen der Hügel hinauf, vorbei an kegelförmigen Häusern. Die umliegenden bräunlichen Bergrücken des Sahand-Gebirges sind mit Schnee bedeckt. Der Himmel wölbt sich blassblau und wolkenlos über den Bergen.

Ich bin mit Reza unterwegs. Er züchtet Pferde auf seinem Gestüt, nicht weit von Kandovan entfernt. Am Ortseingang stellen wir unser Auto auf einem Parkplatz ab, der noch recht leer ist, denn es ist früh am Morgen. Auf dem Weg ins Dorf müssen wir eine Schranke passieren, wo uns erst einmal umgerechnet siebzig Cent pro Person abgeknöpft werden, eine Art Einlassgebühr. Über einen steilen Kiesweg geht es dann zu Fuß hinauf auf einen Hügel. Die kleinen Steinchen knirschen unter unseren Schuhen. Es gibt viele Treppen und Steinstufen zu erklimmen, aber die Mühe ist es wert. Von hier oben hat man einen wunderbaren Blick auf das außergewöhnliche Dorf.

Kandovan liegt eingebettet wie eine Perle zwischen zwei Vulkanen, dem Sahand und dem Zabalan, auf einer Höhe von 2200 Metern, etwa 55 Kilometer südlich von Täbris, 673 Kilometer westlich von Teheran. Vulkanausbrüche haben vor einer Million Jahren Steinkegel geformt, in die die Menschen ihre Höhlen gruben und so ein ganzes Dorf schufen. Zwischen den Felsen schlängeln sich kleine Gassen und Holzbrücken. Im Schatten eines Mischwaldes bieten Händler Honig, getrocknete Kräuter und frische *Chaghale Badoom* an, Bergmandeln, die eine Delikatesse sind in Iran. In einem sehr aufwendigen Prozess werden sie von den Härchen befreit, deshalb sind sie auch nicht ganz billig. Danach werden die Mandeln in Salz gewälzt und roh verzehrt.

Dass die Felsen aus der Ferne wie der Wabenstock eines Bienenvolkes aussehen, hat dem Tuffsteindorf seinen Namen eingebracht: *Kando* bedeutet Honigwabe. Flache Ziegelhäuser breiten sich an den steilen Hängen aus. Ihre einzelnen Stockwerke sehen aus wie Theaterlogen – sie sind durch ockerfarbene steile Treppen miteinander verbunden. Ähnlich wie im türkischen Kappadokien haben die Menschen sich hier Wohnungen in den Stein gegraben, allerdings leben die Bauern und Schäfer mit ihren Familien noch in den Höhlen. Diese Wohnform ist die älteste der Welt.

Kandovan wurde vor etwa 800 Jahren gegründet, zur Zeit des Mongolensturms. Auf der Flucht vor den grausamen Eroberern fanden die Siedler damals an dem entlegenen Ort eine neue Heimat. Etwa 160 Familien haben heute noch ihre Höhlenbehausungen in den grauen Tuffsteinkegeln, wobei nur die Fenster und Türen verraten, dass hier überhaupt Menschen leben.

Einer von ihnen ist Hamid, ein älterer Herr mit grauen Haaren und einem verschmitzten Lächeln. Er sitzt auf einer Steinmauer und spricht uns an: Yakşi gün! – »Guten Tag.« Nece edirsiniz? – »Wie geht es Ihnen?« Xoş gelmisiniz! – »Herzlich willkommen.«

Hier in der Region Aserbaidschan wird Aseri gesprochen, eine dem Türkischen verwandte Sprache. Doch schon in der Schule lernen alle Farsi, die offizielle Sprache Irans. Da meine Sprachkenntnisse in Aseri sehr zu wünschen übrig lassen, sprechen wir auf Farsi weiter. Wir unterhalten uns ein wenig über Kandovan.

»Früher gab es hier viele Überfälle, deshalb haben wir die Berge ausgehöhlt. Schließlich hatten wir ja keine Steine und kein Eisen, um Häuser zu bauen. Der Berg gab uns Schutz vor unseren Feinden«, erzählt Hamid.

Anfangs haben die Bewohner ihr Brot noch in einem Steinofen gebacken, inzwischen ist auch in diesem abgelegenen Dorf alles moderner geworden.

»Heute backt keiner mehr zu Hause, es benutzt keiner mehr einen Ofen, sondern es wird mit Gas gekocht. Allerdings gibt es keine Gasleitungen, sondern jeder Bewohner hat Gasflaschen im Haus.«

Die Bewohner betreiben Feldarbeit, Schaf- und Bienenzucht. Die Ställe und Getreidespeicher sind ebenfalls in die Kalkfelsen gehauen. Als Transportmittel dient der Esel. In den steilen Gässchen gackern frei laufende Hühner. Schmale, mit Holzpfählen gestützte Balkone ragen aus dem Gestein heraus. Stromleitungen schwanken zwischen den spitzen Zacken des erodierenden Felsens. Zwischen den engen Wänden sind Leinen gespannt, an denen Wäsche zum Trocknen hängt.

Nach einem Rundgang über steile Stufen und abenteuerliche Brücken bleiben wir vor einem Haus stehen. Die Menschen in Kandovan scheinen sehr scheu, deshalb werfen wir nur einen kurzen Blick in die Wohnung. Die meisten Felsenbehausungen betritt man durch eine Art Innenhof – drinnen gibt es oft nur einen großen Raum und ein kleineres Zimmer, in dem früher Tiere untergebracht waren. Heute wird es meist als Schlafzimmer benutzt. Die Räume sind alle sehr spartanisch eingerichtet: Teppiche und Kissen liegen auf dem Boden, ein alter Röhrenfernseher hängt in einem Gestell an der Wand. In den Felsen sind kleine Nischen gehauen, die als Regal für Bücher oder andere Sachen dienen. In manchen Berghöhlen gibt es auch Haken an der Decke, wo Lampen aufgehängt werden. Die Stromleitungen verlaufen oberirdisch und sind eher provisorisch angebracht, aber sie scheinen zu funktionieren.

Das Dorf ist inzwischen gut besucht, denn es ist Freitag – der arbeitsfreie Tag in Iran. Da fahren alle raus ins Grüne und machen Picknick. Der kleine Ort wirkt zunächst etwas ärmlich, aber durch die vielen Touristen werden einige Devisen in den Säckel von Kandovan gespült. 2007 wurde ein in Stein gebautes Hotel eröffnet. Über eine breite Steintreppe betreten wir das Gebäude und schauen uns etwas um. Aus Lautsprechern ertönt leise orientalische Musik. Insgesamt gibt es zehn Suiten mit Futon-Betten und Fußbodenheizung, Sauna und Whirlpool. Dort lässt es sich für etwa 85 Euro pro Doppelzimmer gut übernachten. Uns knurrt der Magen, und wir nehmen Platz im dazugehörigen Restaurant. Es ist direkt in die Felsen hineingebaut – in der kühlen Brise der Berge kann man es gut aushalten, denn es ist sehr heiß an diesem Tag. Mit dem Hotel erhoffen sich die Einheimischen, noch mehr Touristen anzulocken.

Die Frauen im Dorf haben kleine Stände vor ihren Häusern aufgebaut mit Souvenirs, handgenähten Kleidern, Taschen aus Naturleder, traditionellem Schmuck, getrocknetem Obst, Nüssen und selbst gemachtem Honig. Damit versuchen sie, sich ein Zubrot zu verdienen.

»Kandovan ist derart außergewöhnlich, dass viele Iraner, aber auch Touristen aus dem Ausland regelmäßig in das Dorf kommen«, erzählt Hamid stolz.

Einen Kilometer flussabwärts gibt es einen Brunnen. Davor steht eine Gruppe von Touristen und schöpft Wasser.

»Angeblich soll das Quellwasser heilende Kräfte haben«, erzählt Reza. »Die Leute sagen, es würde gegen Nierensteine helfen. Sie füllen sich etwas ab und trinken es. Ich weiß nicht, ob das wirklich gut ist oder nicht«, sagt er nachdenklich, die Stirn in Falten gelegt.

Ich fülle mir etwas in meine Plastikflasche ab und probiere. Schmeckt nicht schlecht, denke ich – ganz frisch und etwas salzig.

Entlang des Flusses gibt es kleine Geschäfte und Restaurants. Am Ufer sitzen Familien mit ihren Kindern. Sie haben ihre *Sofres* ausgebreitet – große Tücher, verziert mit Stickereien und Borten. Darauf liegen iranische Köstlichkeiten: Safranreis, Fleischspieße, verschiedene Kräuter, Datteln, Nüsse, Gebäck und natürlich große Thermoskannen mit Tee. Ein iranisches Picknick. Am Wegesrand spielen Kinder ein typisch iranisches Spiel. Ich kenne es noch aus meiner Kindheit und mache gleich mit. Man muss mit einem Stein ein Holzstück treffen, und wer am Ende mit seinem Stein am nächsten dran ist, hat gewonnen – ganz ähnlich wie beim französischen Boule.

Die Kinder lachen fröhlich, laufen ständig zwischen dem Holzstück und dem Abwurfpunkt hin und her, und bald komme ich mit Kian ins Gespräch. Der Elfjährige ist in Kandovan aufgewachsen. Er ist klein und schmächtig, seine schwarzen Haare trägt er schulterlang. Seine Augen glänzen, wenn er spricht: »Ich mag hier besonders die Landschaft und die alten Häuser, die sind sehr schön. Wir gehen oft in die Berge wandern oder einfach spazieren.« Jeden Nachmittag trifft er sich mit seinen Freunden unten am Flussufer, erzählt er mir, während wir uns schon verabschieden.

Es ist spät geworden. Die Sonne geht langsam unter. Die Familien packen ihr Picknick zusammen, und auch die anderen Tagesausflügler verlassen das außergewöhnliche Dorf.

Durch die Gärten von Schiras

In der Stadt der Poesie sind die zwei berühmtesten Dichter Persiens begraben: Hafis (1325–1390), dessen Werk einst Goethe zu seiner Gedichtsammlung West-östlicher-Divan *anregte, und Saadi (1210–1292). Ihre Grabstätten liegen – eingebettet zwischen Orangenbäumen und Zypressen – inmitten schöner Parkanlagen.*

Draußen vor dem Eingang des Hafis-Mausoleums sitzt ein alter Mann auf einem kleinen Hocker. Er hält eine braune Schachtel in der Hand. Darin liegen kleine gefaltete Zettel in verschiedenen Farben, eng aneinandergereiht. Auf sie sind Zitate des großen Propheten gedruckt. Daneben sitzt ein Wellensittich, der mit einem Faden an das Handgelenk des Mannes gebunden ist. Für ein paar Tuman pickt der Vogel einen Zettel aus der Schachtel – ein beliebtes Spiel mit der Zukunft, ähnlich wie Glückskekse, nur in literarischer Form.

»Tuman« ist übrigens eine andere Bezeichnung für die offizielle Währung Rial, denn die Iraner streichen prinzipiell eine Null weg, um nicht mit den riesigen Summen durcheinanderzukommen. So werden aus 100 000 Rial 10 000 Tuman.

Durch ein Gittertor geht es hinein, und trotz der Nähe zu einer der Hauptstraßen der Stadt herrscht im Garten, der zu Hafis' Grab gehört, friedliche Stille. Ein achteckiger, fein gearbeiteter Pavillon schützt das Mausoleum und die Besucher vor schlechtem Wetter. Die Unterseite des Dachs ist verziert mit beeindruckenden Mosaiken aus gebrochenen Kacheln. Auf dem Grabmal aus weißem Marmorstein ist ein Gedicht von Hafis eingraviert. Es ist eine Art Wallfahrtsstätte für junge Iraner – besonders für verliebte Pärchen, die hier ungestört Händchen haltend umherschlendern können.

Am frühen Abend, wenn die Kuppel des Hafis-Grabes in Schiras in ein grünes Licht getaucht ist, spazieren die Liebenden durch den duftenden Rosengarten. Manche Jugendliche sitzen auch auf den Bänken unter den Bäumen und lesen sich gegenseitig Gedichte vor oder lauschen der Musik, die aus Lautsprechern ertönt. Sie sitzen in den verwinkelten, versteckten Ecken des Gartens und säuseln sich unentdeckt gemeinsame Zukunftspläne ins Ohr. Oft sieht man auch Frauen mit einer Zigarette in der Hand, denn normalerweise ist Rauchen für sie verboten. An diesen Ort kommen jedoch keine Sittenwächter, und das wird natürlich ausgenutzt.

Das Mausoleum wurde kurz nach Hafis' Tod errichtet. In dem offenen Pavillon aus der Zand-Dynastie scheinen die Kräfte der Meisterpoeten noch immer auf die jungen Leute zu wirken. Auf Hafis' Grab liegen Rosenblätter, ausgestreut von jungen Frauen, die hier um Glück in der Liebe bitten. Geradezu zärtlich berühren sie den Grabstein des Dichters und hoffen, etwas Charisma von ihm aufnehmen zu können. Hafis, dessen Gedichte eben auch Goethe sehr schätzte, besang die Freuden des Lebens, die Schönheit der Natur – und den Wein in seinem *Divan*:

> »*Spülte nicht der Wein den Kummer aus der Seele uns heraus, machte bald der Zorn des Schicksals unserm Leibe den Garaus. Könnte nicht im Rausch mitunter unser Geist vor Anker gehen, würde all die Leidensstürme unser Schifflein nicht bestehen.*«

Die Mullahs hören es zwar nicht gern, aber das antike Persien gilt als Ursprungsland des Weines, und die iranische Shiraz-Traube ist besonders berühmt. Heute ist der Weinanbau aus religiösen Gründen verboten. Es gibt zwar noch große Rebflächen, die Tafeltrauben dienen jedoch allein der Herstellung von Rosinen. In der fruchtbaren Umgebung von Schiras gedeihen zudem verschiedene Getreidesorten, Baumwolle und vielerlei Obst: Melonen, Kirschen, Aprikosen.

Die Stadt Schiras, ein Zentrum der iranischen Kultur, ist stolz auf ihren berühmten Dichter. In einfachen Verhältnissen aufgewachsen, erlangte Hafis als Hofdichter und Koranlehrer schnell Berühmtheit, die weit über die Stadtgrenzen hinausreichte. Mit etwa siebzig Jahren starb der Dichter, aber sein Werk – man spürt es in diesem Park – überdauerte die Jahrhunderte.

Das Grabmal von Hafis' etwas älterem Kollegen Saadi befindet sich in einer weiteren, ebenfalls großzügigen Anlage. Zypressen, Palmen und Orangenbäume spenden kühlen Schatten; entlang der Wege laden Bänke zum Verweilen ein. Ein breiter Pfad führt an Beeten mit Stiefmütterchen vorbei zu einer hohen, türkisfarbenen Kuppel – dem Eingangsbereich des Mausoleums. Innen steht der Sarkophag Saadis, dessen Grabmal wiederum mit Versen des Dichters geschmückt ist.

Saadi befasste sich in seinem Werk mit der Schönheit der Gärten, was gut nachvollziehbar ist in einem Land, das zu weiten Teilen aus Wüste besteht. Jedes Grün gilt hier als etwas Besonderes.

Die Gärten sind seit jeher wichtiger Bestandteil der persischen Kultur. Dabei lassen sie sich in Iran nicht unbedingt mit dem vergleichen, was wir in Mitteleuropa gewohnt sind. Holzzäune, Gemüsebeete, Gartenzwerge und Lauben sucht man hier vergebens. Persische Gärten sind Orte des Lustwandelns, der Leichtigkeit, des Vergessens, des Philosophierens, der Liebe, sie offenbaren Farben, Düfte, Frische und Frohsinn.

So wie der Bāgh-e Eram – der Garten des Paradieses. Er gehört zu den ältesten und berühmtesten historischen Gärten in Schiras und befindet sich auf der Liste der UNESCO-Weltkulturerbe-Stätten. Über Kieselsteinwege geht es vorbei an riesigen Palmen; Nadelbäume stehen entlang weitläufiger Alleen, in deren Mitte schmale Wasserläufe fließen. Vor uns wartet eine Gruppe junger Schulmädchen. Sie tragen alle eine Uniform, das ist in Iran so üblich. Sie fangen an zu kichern und sprechen uns an. Sie möchten unbedingt ein

Selfie (die Selfie-Stange ist auch in Iran angekommen) machen. Wir wählen ein Motiv unter einer der himmelhohen Zypressen – sie ist 36 Meter hoch und angeblich 250 Jahre alt. Jedes Mal, wenn ich in Schiras bin, besuche ich mindestens einmal diesen wunderschönen Garten und genieße den frischen Duft.

Zwischen all der Schönheit gedeihen rund 500 verschiedene medizinische Pflanzen, denn der Garten wird von den Studenten und Wissenschaftlern der Universität Schiras als botanischer Garten genutzt. In der Mitte der hübschen Anlage steht ein großes Wasserbecken zwischen lauter Palmen, davor ragt ein riesiges Gebäude in die Höhe, in dem einst die Kadscharen residierten, wenn sie ein paar Stunden oder auch Tage in ihrem Garten verbrachten. Das ist nachvollziehbar: Bagh-e Eram ist tatsächlich ein vollkommen paradiesischer Ort.

Schiras wird übrigens auch *Shar-e gol o bolbol* genannt, die Stadt der Blumen und Nachtigallen. Hier findet sich nicht nur der Bagh-e Eram, sondern auch der Bagh-e Delgosha und der Garten von Afif-Abad.

Heißer Dampf für adlige Poren

Schiras gehört zu den fünf größten Städten Irans und gilt seit Jahrhunderten als kulturelles Zentrum, als Stadt der feinen Künste und der Schönheit. Offenbar haben sich hier schon vor 2000 Jahren Menschen angesiedelt – zumindest belegen das Schrifttafeln aus Ton. Darauf ist auch zu lesen, dass zwei altpersische Königsfamilien aus Schiras – die Achämeniden und die Sassaniden – weite Teile des Persischen Reiches regierten. Im 11. Jahrhundert sei Schiras eine der wichtigsten islamischen Städte gewesen. Gleichbedeutend mit Bagdad entwickelte sich die Stadt in der Folgezeit zu einem Zentrum der Kunst. Im 18. Jahrhundert war Schiras sogar Hauptstadt Persiens. Der damals regierende Karim Khan, der 1750 die kurzlebige Zand-Dynastie begründete, ließ eine Festung errichten, die als Arg-e Karim Khan bekannt wurde. Die gewaltigen Ziegelmauern waren einst Teil des royalen Herrschaftssitzes. Mit ihren rund vierzehn Meter hohen Wachtürmen sieht die Festung gigantisch aus und gilt als eines der Wahrzeichen der Stadt.

Von außen wirkt die Anlage klobig – hinter den hohen Mauern herrscht dagegen eine behagliche Atmosphäre. Gedämmtes Licht, das durch buntes Fensterglas in das Innere der Festung fällt, durchflutet den Eingangsbereich. Wie in einem Kaleidoskop fügen sich die verschiedenen Glasstücke zusammen, formen geometrische Figuren. Darüber wölben sich Mauerbögen. Wo der Stuck nicht abgebröckelt ist, sind noch immer die Originalfarben zu erkennen, und auf goldenem Untergrund ranken bunte Blüten und Blätter die Wände empor.

Den Innenhof der Festung durchzieht ein breiter Wassergraben, links und rechts davon liegt eine kleine Orangenbaumplantage. An den höher gelegenen Ästen, wo niemand hingreifen kann, hängen prächtige Früchte – man möchte am liebsten welche pflücken, schälen und gleich verzehren.

Leider sind die einstigen Gemächer der Herrscherfamilie, die sich um den Innenhof gruppieren, verschlossen. Nur das verwinkelte *Hamam,* das Badehaus, im hinteren Teil der Festung ist geöffnet. Hier saßen einst die Mächtigen nackt im warmen Wasser, während heißer Dampf ihre adligen Poren öffnete. Die Wände sind mit wunderschönen Pflanzenreliefs und Tierzeichnungen verziert.

Ganz in der Nähe der Festung befinden sich der alte Basar und eine der ehemaligen Karawansereien der Stadt. Inzwischen wird hier eine Teestube betrieben. Etwas erschöpft setze ich mich auf eine der Holzbänke, die mit Teppichen belegt sind und unter riesigen Orangenbäumen stehen. Hier herrscht eine unglaubliche Ruhe. In der Mitte steht ein kleiner Brunnen, aus dem langsam Wasser plätschert. Ein Kellner serviert Tee und Gebäck. Es ist einfach herrlich, unter den Bäumen zu sitzen, die Ruhe zu genießen und ein wenig die Seele baumeln zu lassen.

Nachdem ich den Tee getrunken habe, besuche ich die Vakil-Moschee, die sich gleich nebenan befindet. Sie wurde ebenfalls unter der Herrschaft von Karim Khan in der zweiten Hälfte des 18. Jahrhunderts erbaut. Eng an die Marktgebäude geschmiegt, ragt sie weit über die umliegenden, einstöckigen Bauwerke hinaus. Allein das Eingangsportal ist schon beeindruckend und gehört mit seinen bunten Kacheln zu den schönsten Sehenswürdigkeiten der Stadt. Die Fassade ist mit Ranken, Blüten und Blättern verziert. Arabische Inschriften in goldenen Lettern preisen Allah. Um den weitläufigen Innenhof reihen sich Arkaden, die mit eindrucksvollen Malereien verziert sind – hier wird einem besonders bewusst, welchen Stellenwert die Kunst in Schiras damals schon gehabt haben muss. Arabesken und Rankenornamente

schmücken die Wände; blaue, gelbe und rote Blütenzeich-
nungen winden sich die Mauer empor.

Noch eindrucksvoller ist die Nasir-al-Molk-Moschee,
versteckt zwischen Wohn- und Geschäftshäusern. Von außen
wirkt sie eher unattraktiv, dafür ist sie innen umso imposan-
ter – und angenehm kühl. Es ist zwar bereits Oktober, doch
im Süden kann es zu dieser Zeit noch recht warm sein, so
um die 32 Grad.

Es gibt einen eklatanten Unterschied zur Vakil-Moschee,
denn hier sind die Motive auf den bemalten Kacheln nicht
blau, sondern rosa. Rosa Blüten, rosa Säulen, rosa Orna-
mente – das Gebetshaus ist deshalb auch landesweit als rosa
Moschee bekannt.

Nach islamischem Glauben waren Abbildungen von Menschen lange Zeit nicht gestattet. Aus diesem Grund dekorie-
ren immer wieder die gleichen Motive und Arabesken die
Moscheen und Schreine in Iran: Vögel, Ranken und Blüten.
Speziell die bemalten Tonkacheln in der etwa 130 Jahre alten
Nasir-al-Molk-Moschee sind so filigran und detailliert, dass
ich lange staunend davorstehe. Modellierte Steinsäulen winden sich spiralförmig nach oben und stützen die Decken-
bögen. Die Muster der Kuppeln über mir sind ebenfalls in
zartem Rosa gehalten. Die Sonne strahlt durch das bunte
Fensterglas und wirft ein fantastisches Farbenspiel auf den
Boden der Gebetshalle – grünes, blaues, rotes und gelbes
Licht fällt in harmonischen Mustern auf die edlen Perserteppiche, mit denen der Raum ausgelegt ist.

Nun aber genug von den Moscheen – um die Ecke gibt es
eine Art Schnellimbiss, der allerdings nicht zu vergleichen
ist mit Fast-Food-Restaurants in Europa. Hier wird *Ash-e*

Reshteh serviert – eine traditionelle, angedickte Suppe mit Kräutern, Zwiebeln und Nudeln. Jedes Mal wenn ich diese Suppe zu mir nehme, löst sie in meinem Inneren regelrechte Glücksgefühle aus. Sie ist wie eine Droge – ich verlange immer nach mehr, um das wohlige Gefühl in mir zu erhalten. Nein, ich übertreibe nicht!

Ash gibt es in verschiedenen Varianten und ist besonders in Schiras sehr beliebt. Die Bewohner der Region sind deshalb auch dafür bekannt, ihre Suppen noch individueller und reichhaltiger auszustatten.

Zum Nachtisch gibt es *Faludeh* – gefrorenes Sorbet aus Glasnudeln, Zucker und Rosenwasser, verfeinert mit reichlich Zitronensaft. Es ist ein uraltes persisches Dessert, das mit den Eroberungs- und Handelszügen der frühzeitlichen Herrscher bis nach Indien gelangte. Sein Ursprung liegt jedoch in Schiras. Und auch der typische *Salad-e Shirazi* kommt aus dieser Stadt und ist mindestens genauso omnipräsent verbreitet wie Kartoffelsalat in Deutschland. Bei uns zu Hause kommt er fast täglich auf den Tisch: Tomaten, Gurken und Zwiebeln werden in winzige Würfel geschnitten. Als Dressing wird Olivenöl mit Zitronensaft vermischt. Ich gebe meist noch etwas getrocknete Minze dazu – fertig.

Persepolis –
Iran und das persische Erbe

Die Wiege des Perserreiches liegt im iranischen Hochland. Die Perser waren herausragende Baumeister – die Königsstadt Persepolis gehört zu den architektonischen Meisterwerken der damaligen Zeit. Sie gilt als eine der reichsten und opulentesten Städte, ein Paradies inmitten der persischen Berge.

Die Besucher strömen eine lange breite Straße entlang in Richtung der ausgedehnten Palastanlage von Persepolis – die Stadt der Perser. Es ist heiß an diesem Tag, so um die 38 Grad. Am Wegesrand stehen Buden, an denen Getränke, Kappen und Schirme verkauft werden. Ich nehme einen Schirm mit bunten Regenbogenfarben für umgerechnet zehn Euro – ziemlich viel Geld, denke ich, aber was soll's.

Noch vor zwanzig Jahren verirrten sich nur wenige Besucher nach Persepolis. Die Stadt wirkte regelrecht verlassen, als mein Mann und ich auf unserer Hochzeitsreise im März 2002 die Ruinenlandschaft besichtigten. Inzwischen kommen jährlich etwa 100 000 Touristen aus dem In- und Ausland.

Persepolis liegt nicht weit von Schiras entfernt – etwa achtzig Kilometer – und wurde von König Darius aus der Dynastie der Achämeniden 520 vor Christus am »Berg der Gnade«, dem Kuh-e Rahmat gegründet. Über eine Steintreppe, die inzwischen mit Holzpaneelen geschützt ist, betritt man das bis zu vierzehn Meter hohe Plateau, auf dem die ganze Anlage errichtet worden ist.

Großkönig Darius I. hat eine Residenz bauen lassen, die prächtiger sein sollte als alles, was man bis dahin kannte. Er beschäftigte die besten Architekten und Künstler, die vor Ideen nur so übersprudelten: hohe Säulen, die Reliefs von Stieren, Löwen und Königen, eine breite Freitreppe mit Fries, der die Abgesandten von 23 tributpflichtigen Völkern mit Gaben für Darius den Großen, den König der Könige, zeigt – all das findet sich hier. In die grau-rosa Bergwand über der enormen Terrasse sind die Felsengräber von Artaxerxes II. und III. eingegraben, und über den Reliefbildern der Achämeniden-Könige schwebt Ahura Mazda, der »weise Herr«, die zoroastrische Gottheit.

Die Architekten und Baumeister von Persepolis kamen aus aller Welt. Voller Begeisterung und Courage planten sie eine eindrucksvolle Residenz. Einen Thronsaal sollte es geben, wie ihn die Welt noch nicht gesehen hatte, von gigantischen Maßen: 110 mal 110 Meter, überwölbt von einer Dachkonstruktion, die von mehr als zwanzig Meter hohen Säulen gestützt wird.

Im Privatpalast des Königs, einer großen Halle, sind noch die Reste eines purpurnen Bodens zu erkennen. Auf einem Relief sieht man eine Figur mit einem Flakon in der Hand – vielleicht ein Diener auf dem Weg ins Badezimmer. Der Herrscher war umringt von seiner Palastgarde. Wieder wird die Vision des Darius deutlich: Seine Vorbilder wählte er aus allen unterworfenen Hochkulturen: Griechenland, Mesopotamien, Ägypten.

Sein privater Palast wirkt allerdings noch bescheiden im Vergleich zu der Audienzhalle, die auf zwei Meter fünfzig hohen Sockeln steht und hundert mal hundert Meter misst. Eine Freitreppe führt nach oben. Sorgfältig ausgearbeitete Kapitelle sollten das teuerste Dach des Orients tragen. Tausende von Menschen wurden für den Bau von Persepolis beschäftigt, aber nicht als Sklaven, sondern bei vollem Lohn, entsprechend ihrer Stellung und Leistung.

Persepolis sollte nicht nur Wohnsitz des Herrschers, der Ort für Repräsentationen werden, sondern eine Schaltzentrale der Macht. Hier liefen alle Fäden des Reiches zusammen. Darius plante einen Verwaltungskomplex, ein antikes Großraumbüro. »Hundertsäulensaal« nannte sich das Projekt. Umgeben von Magazinen für Akten kontrollierte hier ein Stab von Beamten die Vorgänge im Reich, welches die heutigen Länder Türkei, Zypern, Iran, Irak, Afghanistan, Usbekistan Tadschikistan, Turkmenistan, Syrien, Libanon, Israel, Palästina und Ägypten umfasste. Lohnlisten, Reiseabrechnungen, Steuern wurden auf ungebrannten Tontafeln in Keilschrift festgehalten. Hunderttausende davon müssen in den Archiven des achämenidischen Großreichs gelagert gewesen sein, und längst wären sie wieder zu Erde zerfallen, die Daten aus der Zentrale dieses frühen Weltreiches, wenn nicht Alexander der Große im Jahr 330 vor Christus Persepolis in ein Flammenmeer verwandelt hätte. Dabei wurde ein kleiner Teil der Tontafeln gebrannt und somit erhalten.

Und so wissen wir heute noch, was der Hofmarschall von Darius verdiente, welche Reisen er machte, wie sein persönliches Dienstsiegel aussah, das er zum Abzeichnen von Belegen benutzte. Die Auswertung dieser Informationen lässt das Bild eines erstaunlich modernen Staatswesens unter Darius entstehen. So bekamen zum Beispiel Männer und Frauen gleichen Lohn. Jeder am Hof war in ein soziales Netz eingebunden, vom Soldaten bis zum kleinsten Kind. Es gab Schwangerschaftsurlaub und Sonderrationen für sozial Schwache.

Die Tontafeln überliefern auch Details über die Funktion des großen Schatzhauses von Persepolis. Im Jahr 467 vor Christus waren dort zum Beispiel 1348 Kunsthandwerker beschäftigt, unter der Leitung einer Frau. Sie erhielt den höchsten Lohn. Es wurden Möbel und kostbare Stoffe für die Paläste produziert, Silber und Elfenbein aus Ägypten verarbeitet, Gold aus Nubien und Indien. Das Schatzhaus war ein streng abgesicherter Bereich innerhalb der Residenz, bewacht von Soldaten. Insgesamt 10 000 Mann waren in Persepolis stationiert – die sogenannte unsterbliche Garde.

Die Darstellung persischer und medischer Gardisten ist mir noch aus meinen Schulbüchern in Erinnerung geblieben. Auf dem berühmten Relief bewachen sie den Thron des Herrschers, über ihm die geflügelte Sonnenscheibe, ein Symbol für Ahura Mazda.

Das prächtigste Fest in Persepolis war übrigens das alljährliche *Nowruz*, das Neujahrsfest. Endlose Züge von Gratulanten aus allen Ländern bevölkerten die Treppen und Hallen. Für die Künstler war das Ereignis Anlass genug, um es als übergeordnetes Thema für die Ausgestaltung der gesamten Palastanlage zu wählen.

Aber Darius war ein zu ernsthafter Mensch, um Persepolis nur als Kulisse für ein einzelnes Fest im Jahr zu bauen. Er war ein gerechter Herrscher, dem es gelang, durch Toleranz und effiziente Verwaltung ein Weltreich aus 28 Völkern zusammenzuhalten. Seine Vision war es, die besten Künstler der Welt zu versammeln, um ein einzigartiges Gesamtkunstwerk zu schaffen – Persepolis. Das Wissen um die sozialen Aspekte seiner Herrschaft verdanken wir neben den Tontafeln auch einer Inschrift auf seinem Grab:

> *»Ich will nicht haben, dass der Schwache des Starken wegen Unrecht leidet. Was recht ist, daran habe ich gefallen. Einem Lügenknecht bin ich nicht Freund. Du Untertan halte nicht das für vortrefflich, was der Mächtige tut. Was der Schwache leistet, das beachte viel mehr.«*

Darius hat die Fertigstellung seines Audienzsaales selbst nicht mehr erlebt, er starb im Jahr 486. Für die Delegierten, die sich als Teil des Weltreichs fühlen durften, hat der Großkönig in seinen wahr gewordenen Visionen sicher weitergelebt. Knapp 200 Jahre hatte der Traum des Darius Bestand, dann überrollte Alexander der Große das Achämenidenreich und nahm Rache für die Zerstörung Athens.

Der letzte Schah, Mohammad Reza Pahlavi ließ Teile von Persepolis restaurieren und mit touristischer Infrastruktur ausstatten – daran kann man heute gut anknüpfen.

Die protzigste Party auf Erden

Für die Jubiläumsfeier zum 2500-jährigen Bestehen des Persischen Reichs verpulverte Mohammad Reza Pahlavi Hunderte Millionen Dollar. Noch heute stehen die rostigen Gestänge der Zelte, die der Schah für die tausend Gäste extra aufstellen ließ, in einem Wäldchen gegenüber vom Eingang zu Persepolis.

Königshäuser und Staatsoberhäupter aus aller Welt bevölkerten die wohl protzigste Party auf Erden. Die Feier sollte Iran einen Platz unter den führenden Nationen sichern und gleichzeitig die Legitimation seines Herrschers zementieren. Ein Flughafen wurde eigens errichtet, dazu eine kilometerlange Autobahn. Die Vorbereitungen dauerten ein ganzes Jahr, dann war alles geschmückt mit frisch gepflanzten Bäumen, Blumen und Springbrunnen. Unglaubliche 50 000 Singvögel wurden aus Europa importiert, Transportflugzeuge lieferten tonnenschwere Eisblöcke, um die 25 000 Weinflaschen für die Staatsgäste zu kühlen. Das französische Restaurant Maxim's musste für zwei Wochen seine Türen schließen, um ausschließlich für das Catering des Mammutfestes sorgen zu können. Auf der Speisekarte stand so ziemlich alles, was der Jetset gewohnt ist: Es gab gefüllte Wachteln, Kaviar, Champagner. Fast alle europäischen Königshäuser waren vertreten; unter den Gästen waren König Juan Carlos von Spanien, Prinzessin Sophia von Griechenland, Fürst Rainier und Fürstin Gracia Patrizia von Monaco.

Die Anreise beschrieb Prinz Michael von Griechenland im *Spiegel* so: »Die Monarchen aus Skandinavien mieteten zu dritt ein Flugzeug an. Ich bin mit meinem griechischen Cousin König Konstantin mitgeflogen. Dann fuhr man meilenweit durch die Wüste. Plötzlich tauchte ein Wald aus hohen Säulen auf. Direkt daneben war eine Art Dorf, fast schon eine Stadt, errichtet aus Zelten. Allein das war schon märchenhaft.«

Das geschätzt hundert Millionen Dollar teure Spektakel endete mit einem imposanten Feuerwerk. Die innenpolitische Wirkung war verheerend: »Er brachte jeden gegen sich auf«, erinnert sich der Schah-Gegner und spätere iranische Präsident Abolhassan Banisadr. Aber auch für die islamische Geistlichkeit ist die damalige Verschwendungssucht ein Anti-Schah-Argument bis in die Neuzeit.

Sieben Glücksbringer mit »S«

Das schönste und größte iranische Fest ist Nowruz – *der Frühlings-anfang und der Beginn des neuen Jahres. Seine Wurzeln reichen bis in die Zeit der Achämeniden zurück. Zwölf Tage dauert das Fest, dann, am dreizehnten Tag des neuen Jahres, der als Unglückstag gilt, ziehen die Menschen in die freie Natur, um zu picknicken.*

Wenn Sie in den letzten Tagen des iranischen Jahres nach Iran reisen, also zu Beginn des Frühlings am 20./21. März, werden Sie *Chaharshanbe-Suri* erleben – eine uralte Tradition am letzten Mittwoch des Jahres. Es ist ein Feuersprungfest und gehört zu den beliebtesten Feiern in Iran. Das Wort *Chaharshanbe* bedeutet Mittwoch, und *Suri* wird mit Licht oder Feuer übersetzt.

Mit diesem Fest werden ähnlich wie in der Silvesternacht sozusagen die bösen Geister vertrieben. Auf den Straßen und in den Parks werden etwa fünf bis sechs kleine Haufen aus dünnen Zweigen in einer Reihe aufgeschichtet und, sobald die Sonne untergeht, angezündet. Erwachsene und Kinder stellen sich in einer Schlange hinter die Feuerhaufen, springen nacheinander über die einzelnen Flammen und singen dabei im Chor: *Sorchiye to az man, sardi-ye man az to.* – »Das Rote von dir für mich, das Gelbe von mir für dich.«

Das bedeutet so viel wie: Nimm alles Giftige und Schlechte von mir und gib mir Energie und Wärme. Alle schlechten Dinge, die man im vergangenen Jahr gemacht hat, sollen auf diese Weise verbrannt werden. Die ganze Stadt ist erleuchtet. Alle knabbern eine spezielle Mischung aus süß-sauren Nüssen, deren Verzehr an *Chaharshanbe-Suri* alle möglichen Wünsche erfüllen soll.

Eines der lustigsten Rituale ist das *Ghashogh-Zani*: Ähnlich wie an Halloween setzen sich die Mädchen und Jungen eine Maske auf, damit sie nicht erkannt werden, und ziehen mit einer Metallschüssel und einem Löffel in der Hand durch die Straßen. Vor jeder Haustür machen sie halt und trommeln laut, bis jemand die Tür aufmacht und Nüsse oder Süßigkeiten in die Schüssel gibt.

Da ich zwischen beiden Kulturen aufgewachsen bin, haben meine Eltern Weihnachten und natürlich auch Persisch Neujahr mit mir und meinen beiden Brüdern gefeiert. Ich kann mich noch sehr gut daran erinnern, wie meine Mutter jedes Jahr im Dezember den Weihnachtsbaum schmückte und zu *Nowruz* im Frühjahr zwei Wochen lang das ganze Haus von oben bis unten putzte. In Iran ist es Brauch, dass man vor dem Neujahrsfest seine Wohnung auf Hochglanz bringt, um rein und sauber ins neue Jahr zu kommen. Es werden Vorhänge und Teppiche gewaschen, manche Familien lassen sogar die Wände neu streichen.

Und meine Mutter deckte liebevoll einen Tisch – den sogenannten *Sofreh-e Haft Sin*, den Glücksbringer-Tisch, auf dem mindestens sieben Sachen stehen müssen, die alle mit dem Buchstaben S beginnen und verschiedene Bedeutungen haben: ein Apfel (*Sib*) symbolisiert Gesundheit, Gewürz (*Somagh*) den Geschmack des Lebens, kleine rote Maulbeeren (*Senjed*) meinen die Saat des Lebens, Essig (*Serkeh*) steht für Fröhlichkeit, denn sauer macht ja bekanntlich lustig, Knoblauch (*Sir*) symbolisiert Schutz, Hyazinthe (*Sonbol*) steht für Freundschaft, Pudding aus Weizen (*Samanu*) für Wohltat und Segen. Außerdem stehen noch *Sabzeh* (Kräuter) zur Wahl – dazu wird etwa drei bis vier Wochen vor dem Fest Weizen oder Gerste im Wasser zum Keimen gebracht.

Während dieser Zeit wachsen dann auf einem Teller oder in einer flachen Schüssel die kleinen grünen Schösslinge – man kann förmlich zusehen, wie die Keime sich entfalten. Jeden Tag offenbart sich ein neues Stadium der Metamorphose, und aus dem kleinen, wie ein Embryo gekrümmten Keimling entwickelt sich ein sattgrüner Grashalm – ein Symbol neuen Lebens.

Münzen (*Sekeh*) stehen für Wohlstand, Kerzen (*Sham*) gelten als Symbol des Lichtes, gefärbte Eier (*Tokhme morgh rangi*) – ähnlich wie die Ostereier – stehen für Fruchtbarkeit, ein Spiegel (*Aiineh*) für Reinheit und Ehrlichkeit und ein Gedichtband (*Ketab*) von Hafis für die Weisheit. Die letzten Symbole fangen zwar nicht mit S an, gehören aber auch auf den Tisch.

So wird aus einem kleinen Gedeck schnell ein opulenter Gabentisch. Dazu werden noch weitere Kleinigkeiten auf den Tisch gestellt: süßes Gebäck, Nüsse – am liebsten Pistazien – Trockenfrüchte, Rosenwasser oder auch Fotos von Familienangehörigen – entweder verstorbenen oder im Ausland lebenden. Der *Haft Sin* ist das Prunkvollste an *Nowruz* und darf genauso wenig fehlen wie der Tannenbaum zu Weihnachten. Diese Tradition führe ich selbstverständlich fort, sehr zur Freude meiner Tochter Mina, die jedes Mal auch ein neues Kleid bekommt, weil es Sitte ist, sich für das neue Jahr frisch einzukleiden.

In Iran sind die Straßen drei bis vier Wochen vor dem Jahreswechsel bunt geschmückt: Überall in den Geschäften und auf den Basaren stehen lila- und pinkfarbene Hyazinthen und Azaleen zwischen den flachen Tonschalen und Körben mit verschiedenen frischen, grünen Keimen. Daneben stehen bauchige Gläser, in denen Goldfische schwimmen, die das Leben symbolisieren und ebenfalls auf den Glücksbringertisch gehören.

Das *Nowruz*-Fest ist mehr als 3000 Jahre alt und zoroastrischen Ursprungs. Es wird in allen Gebieten gefeiert, die unter dem Einfluss der iranischen Kultur standen – von der Grenze Chinas bis Osteuropa. Der iranische Sonnenkalender wurde 1925 eingeführt und geht auf weit ältere Vorbilder zurück. Jahr eins im persischen Kalender entspricht dem Jahr 622 nach Christus im gregorianischen Kalender, wobei sich der Beginn der iranischen Zeitrechnung auf die Flucht des islamischen Propheten Mohammed nach Medina bezieht.

Der Sonnenkalender hat gegenüber dem gregorianischen Kalender den Vorteil, dass er genauer ist und exakt der Bewegung der Erde um die Sonne folgt. Das Sonnenjahr dauert etwa 365 Tage, fünf Stunden und 49 Minuten. Nach dem Kalender beginnt in Iran die Jahreswende im Frühjahr am 20. oder 21. März, wenn die Tage genauso lang sind wie die Nächte. Der genaue Zeitpunkt des Beginns des neuen Jahres wird immer wieder erneut mit wissenschaftlicher Akribie von den Astronomen errechnet. Mal wird also nachts gefeiert, mal morgens und mal mittags.

Statt Weihnachtsgans oder Würstchen mit Kartoffelsalat wird *Sabzi Polo* gekocht – ein Reisgericht mit vielen Kräutern wie Koriander, Dill und Petersilie, dicken Bohnen und sehr knusprig gebratenem Fisch, gefolgt von Dattelkuchen als Dessert. Statt der Weihnachtsgeschichte werden Gedichte von Hafis oder des Epikers Ferdowsi rezitiert. Das geht so: Man klappt den Gedichtband mit geschlossenen Augen ganz willkürlich auf, und die Seite, auf der man hängen geblieben ist, weist einem die guten Vorsätze und Vorhersagen für das neue Jahr.

Und die Bescherung? Die gibt es natürlich auch. Allerdings werden nur die Kleinsten in der Familie beschenkt – häufig bekommen sie druckfrische Geldscheine, das *Eidi*, ein sogenanntes Trinkgeld zum Fest. Als Kind habe ich mich besonders darüber gefreut. Erstens weil mein Portemonnaie wieder gefüllt war, und zweitens weil die Scheine sich so glatt anfühlten und wie ein neu gekauftes Buch rochen, das zum ersten Mal aufgeschlagen wird.

Dafür, dass die Jüngsten beschenkt werden, müssen sie alle älteren Verwandten, Freunde und Bekannten am Neujahrstag besuchen und sich den Bauch mit *Sabzi Polo* vollschlagen. Neujahr in Iran, das sind nicht knallende Korken und schäumender Champagner, das *Nowruz*-Fest ist wie Weihnachten ein besinnliches Familienfest, an dem man das vergangene Jahr Revue passieren lässt. Wer in diesem Moment nicht bei seiner Familie sein kann, wird leicht wehmütig.

Den dreizehnten Tag des Jahres muss man unbedingt draußen in der Natur verbringen. Immer wenn ich zu dieser Zeit in Iran bin, ist Teheran wie ausgestorben. Die Straßen sind menschenleer, die Geschäfte und Büros haben geschlossen, und es gibt keinen Stau, weil alle, aber auch wirklich alle Iraner ins Grüne fahren.

Viele machen auch Urlaub am Kaspischen Meer, deshalb ist die Autobahn dorthin verstopft und man muss im Schneckentempo fahren. Aber das stört die Iraner nicht, sie sind es ja aus der Stadt gewohnt.

Ich freue mich jedes Jahr auf diesen Tag, der auch *Sizdah-Bedar* (*sizdah* bedeutet dreizehn) genannt wird. Jeder bringt Essen und Trinken mit in die Gärten und Parks, auf die Wiesen und Felder, es wird getanzt, gesungen und meistens Kebab gegrillt. Das *Sabzeh* – die Samen, die vor dem Beginn des *Nowruz* angepflanzt wurden und auf dem *Haft Sin*-Tisch standen – werden unterwegs in ein fließendes Gewässer geworfen. Das soll den Kreislauf des Lebens symbolisieren und alles Negative aus dem Heim vertreiben. Und sehr zur Freude der Kinder werden Drachen steigen gelassen. Heiratsfähige junge Frauen machen einen Knoten in einen Grashalm und wünschen sich einen Ehemann. Sie singen dabei leise: *Sizdah-Bedar saal-e negar khaneh-yeshow har batscheh beh baghal.* – »*Sizdah-Bedar*, nächstes Jahr, im Haus meines Gemahls, mit Kind in meinem Arm.«

Üblicherweise werden an diesem Tag auch die kleinen Goldfische in Flüssen in die Freiheit entlassen. Wer den Film »Taxi Teheran« des iranischen Regisseurs Jafar Panahi gesehen hat, wird sich an die beiden aufgeregten älteren Damen auf dem Rücksitz erinnern, die ihre Fische, in einer Plastiktüte verstaut, dringend zu einem Pool im Süden Teherans bringen wollen.

Schon der legendäre König Jamschid feierte dieses Fest mit seinem Volk im Freien, und so tun es die Iraner noch heute. Alle Menschen besinnen sich auf ihr Familienglück und ihre Freundschaften, entledigen sich der bösen Gedanken und feiern die Liebe zur Natur.

Die längste Nacht des Jahres

Und es gibt noch einen wichtigen Feiertag im iranischen Kalender: Zu Beginn des Winters feiern wir *Schabe-Yalda* – die längste Nacht des Jahres. In Iran hat dieser Feiertag eine besondere Bedeutung. Verwandte und Freunde treffen sich zu Hause. Die Tische sind festlich gedeckt mit Blumen, daneben stehen kleine Schälchen mit Nüssen sowie eine große Schale gefüllt mit Obst: Wasser- und Honigmelone, rote Trauben und Granatäpfel.

Sie alle haben verschiedene Bedeutungen: Die rote Farbe der Granatäpfel und Trauben symbolisiert die Morgenröte und das Glühen des Lebens, die Wassermelone steht für die Gesundheit – wer viel davon verzehrt, bleibt den Winter über gesund und bekommt keine Erkältung.

Diese Obstsorten reifen zwischen Mai und August. Für die *Yalda*-Nacht werden sie extra unter der Erde oder im Keller gelagert, damit sie frisch bleiben. Mein Vater und ich haben jedes Jahr Weintrauben im Keller aufgehängt, und nach einiger Zeit waren die Früchte getrocknet. Dann steckte ich genüsslich welche in meinen Mund – sie waren so aromatisch, dass ich gleich alle aufaß.

In der *Yalda*-Nacht sitzen Freunde und Verwandte zusammen in den Häusern der Älteren und feiern bis in die frühen Morgenstunden. Natürlich darf auch hier ein spezieller Divan von Hafis nicht fehlen. Es handelt sich um eine Art Orakelbefragung, für die eine Extraausgabe der persischen Gedichtsammlung gestaltet wurde. Eine rosafarbene Doppelseite ist in Quadrate aufgeteilt, worin sich die Seitenzahlen der Gedichte in willkürlicher Folge befinden. Man schließt die Augen, hört in sich hinein und tippt dann blind auf irgendein Quadrat. Unter dem Gedicht, das einem auf diese Weise zugeteilt wird, steht eine kurze Interpretation. Sie liest sich wie eine Mischung aus Horoskop und Lebensberatung.

Außerdem wird jedes Jahr ein großes Feuer entzündet, es soll Licht und Hoffnung repräsentieren. Die Menschen freuen sich, dass das Licht neu geboren wird und sich gegen die Dunkelheit durchsetzt – denn nach der *Yalda*-Nacht werden die Tage nun wieder länger.

Malerische Routen zum Kaspischen Meer

Fast jedes Mal, wenn ich nach Iran reise, zieht es mich ans Kaspische Meer. Hier lässt es sich im Sommer gut aushalten, da man den hohen Temperaturen in der Großstadt Teheran entkommen kann. Aber auch sonst lohnt sich der Ausflug, denn allein die Fahrt ist schon ein Genuss für die Sinne: Auf der Strecke Richtung Norden ziehen dichte, sattgrüne Wälder, üppige Almwiesen, duftende Reisfelder an einem vorbei.

Ich bin mit meinen beiden Freundinnen Sara und Mona unterwegs ans Kaspische Meer. Wir haben für drei Tage ein kleines Ferienhaus in Tschalus gebucht. Leider ist die Unterkunft so gut wie gar nicht ausgestattet, deshalb haben wir alles dabei: Bettdecken, Kissen, Handtücher, Besteck und Geschirr. Und eine Flasche Wein, eingewickelt in ein Laken.

Mir ist etwas mulmig zumute, denn an den Straßenrändern stehen in etwas größeren Abständen immer wieder Polizisten und kontrollieren den Verkehr.

»Hab keine Angst«, sagt Sara zu mir. »Die Polizisten halten nur die Autos an, die überfüllt sind oder in denen Männer und Frauen zusammensitzen.«

Zum Glück werden wir nicht angehalten auf der Landstraße nach Tschalus – einer der ältesten Routen, die zum Kaspischen Meer führt. Sie beginnt in Karadsch, einer Stadt etwa vierzig Kilometer westlich von Teheran, und führt durch ein malerisches Gebirge bis hin zum Meer. Ein zum Teil sehr schmaler und gefährlicher, aber sehr beeindruckender Weg.

Während die Strecke hinauf sehr karg und trocken ist, wird es, sobald es bergab geht, schlagartig grün, und das Klima ist wesentlich feuchter. Die Felsen am Wegesrand sind meist bedeckt von hinunterplätscherndem Gletscherwasser. Besonders an den Wochenenden sind die Straßen in Richtung Norden überfüllt – ellenlange Staus überall. Die Fahrt kann bis zu zehn Stunden dauern, obwohl man normalerweise nur vier Stunden braucht. Zum Glück haben wir auch Thermoskannen mit heißem Wasser und Teebeutel und iranisches Gebäck dabei. Kein Iraner würde ohne Thermoskanne losfahren und natürlich dürfen *Tochme* (Nüsse) nicht fehlen. Iraner lieben es, Nüsse zu knabbern. Ich lege mir grundsätzlich ein paar in die Mittelkonsole meines Autos.

Immer wieder geraten die Fahrzeuge ins Stocken, bleiben auf dem feuchten Asphalt stehen. Nichts geht voran. Dicke, schwarze Abgaswolken wabern unter den Autos hervor, ziehen die Straße hinunter, weichen in die Seitengassen und lösen sich langsam im grauen Brei der Luft auf. Verkäufer schlängeln sich durch die Reihen der Blechlawine und verkaufen Blumen, Kaffee, Gebäck, Maiskolben und Plastikspielzeug oder Luftballons für die Kleinen.

An einer Tankstelle bleiben wir stehen, das Benzin geht zur Neige. Öliges Wasser schwimmt auf kleinen Pfützen, die Regenbogenfarben glitzern auf dreckigen, schmierigen Lachen. Nachdem unser Auto wieder vollgetankt ist, geht es zurück in den Stau. Meine Freundinnen haben sich inzwischen daran gewöhnt – der Stau ist besonders bei der jüngeren Bevölkerung sogar beliebt. Denn die Jugendlichen betreiben *Dor-Dor* – eine weitere Form, sich kennenzulernen. Auf der Straße mit dem Auto zu wenden heißt auf Farsi *dorbesan*. Haben junge Männer eine hübsche Frau in einem anderen Auto entdeckt, kehren sie einfach um, fahren ihr hinterher und betteln um ihre Handynummer.

Je höher wir über Serpentinen in Richtung Kaspisches Meer fahren, desto schmaler werden die Kurven der engen Bergstraßen. Mein Herz fängt an zu klopfen, ich traue mich kaum, aus dem Fenster zu schauen, aber die Landschaft ist so atemberaubend, dass ich nicht anders kann.

Hinter dem kleinen Ort Gachsar nehmen wir die Road 425 in Richtung Dizin, dem bekanntesten Skiort Irans. Ein großes Gebiet mit fünfzehn Liften und ellenlangen Abfahrten. Der Wintersportort liegt auf rund 2700 Metern, die Berge rundherum ragen gut über die 4000-Meter-Marke. Mit den Liften gelangt man bis auf 3700 Meter. Auf den Pisten findet jedes Jahr ein Weltcuprennen der Grasskifahrer statt, zu dem auch die deutsche Nationalmannschaft anreist. Von hier kann man sogar eine rund 1500 Meter lange Steilabfahrt in feinstem Pulverschnee hinab nach Schemschak fahren, dem Skigebiet nördlich von Teheran. Bucht man Hotels der gleichen Kette, werden die Koffer per Seilbahn und Shuttleservice zur nächsten Schlafgelegenheit gebracht.

Nach einem Spaziergang in Dizin fahren wir zurück auf die Landstraße und in eine wunderschöne Bergwelt, wo wir Marzanabad passieren, ein kleines verschlafenes Dorf. Die Sonne strahlt, und oben glitzert der frische Schnee auf den Gipfeln der Viertausender. Über allem thront der Alam Kuh, der zweithöchste Berg Irans. In der milden feuchten Luft am Binnenmeer wachsen Orangen-, Granatapfel-, Kaki- und Kiwi-Bäume. Weiter östlich des Kaspischen Meeres gedeiht auf den Feldern um Bābol und Sāri der beste Reis des Landes.

Die Provinz Māzandarān gehört zu den fruchtbarsten und am dichtesten besiedelten Provinzen Irans. Hier haben die gut betuchten Teheraner nach und nach die schönsten Flecken aufgekauft und sich Villen am Meer gebaut. Die Strecke wird von Kilometer zu Kilometer schöner, eindrucksvoller, grandioser. Je weiter es Richtung Kaspisches Meer geht, desto mehr wird das Tal zur Schlucht. Eine enge Straße durchschneidet die immer höheren Felswände. Bald sind wir auf tausend Metern angelangt.

Wir passieren zwei kleinere Stauseen und zwischendurch immer wieder kleine Bauerndörfer, bis wir endlich Tschalus erreichen. Unser kleines Ferienhäuschen liegt direkt am Meer. Es besteht aus einem etwas größeren Raum mit Kochnische und einem Badezimmer. Die Matratzen auf den Betten sind noch mit Plastikfolie umwickelt – eine typische Sitte der Iraner. Sogar die Fernbedienung und die Tischdecken werden in Folie eingewickelt, es könnte ja etwas schmutzig werden.

Wir packen unsere Sachen aus und stellen fest, dass wir Hunger haben. Da es im Haus keinen Tisch gibt, breiten wir ein *Sofret*, ein großes Tuch, auf dem Boden aus. Es gibt Fladenbrot, Schafskäse, frische Kräuter und den mitgebrachten Rotwein. Leider ist er gepanscht und schmeckt für meinen Geschmack etwas zu sehr nach Essig. Sara fängt an zu lachen, als sie mein verzogenes Gesicht sieht.

Nach dem Abendessen beschließen wir, noch etwas am Meer spazieren zu gehen. Die blutrote Sonne verschwindet langsam hinter dem Horizont. Es ist etwas windig, und das Wasser peitscht gegen die Kaimauer, auf der ein Pärchen sitzt. Es sind Darius und Firuzeh aus dem Ferienhaus nebenan, sie rauchen Wasserpfeife und trinken Tee. Wir kommen mit ihnen ins Gespräch.

Die beiden sind eine Ehe auf Zeit eingegangen, auf Farsi *Sigheh*. Eine schiitische Tradition, die zwischen dreißig Minuten und 99 Jahren dauern kann. Alles wird vorher vertraglich festgelegt, vor allem der Geldbetrag, den der Mann der Frau im Falle einer Scheidung auszuzahlen hat. Der Ehevertrag lässt sich beliebig oft verlängern. Alles wird schriftlich in einem kleinen Heftchen festgelegt, das sozusagen als Freibrief gilt für eine gemeinsame Reise und ein Hotelzimmer zu zweit.

Es ist so atemberaubend schön am Kaspischen Meer, dass wir beschließen, noch etwas länger zu bleiben und an der Küste entlang in Richtung aserbaidschanischer Grenze durch die iranische Provinz Gilan zu fahren. Die Küstenstraße wird auf der einen Seite vom azurblauen Meerwasser begrenzt und auf der anderen Seite von dampfendem, dichtem Wald und Bergen, die bis auf 4000 Meter Höhe reichen. Mehr Abwechslung geht nicht. Oben an den Hängen wächst immergrüner Tee. Die Iraner mögen den einheimischen Tee eigentlich gar nicht so gern und kaufen lieber den importierten. Die eigene Produktion geht an die nördlichen Nachbarstaaten Armenien, Aserbaidschan, Russland und Turkmenistan. Ursprünglich stammt der Tee aus China und Indien und wird wie fast überall auf der Welt *Tschai* genannt.

Im Teemuseum in Lahidschan, nicht weit von Rascht entfernt, erfährt man, wie der Tee nach Iran kam. Im 20. Jahrhundert soll ein iranischer Generalkonsul bei seiner Rückkehr aus Indien mehrere Teepflanzen aus dem Land geschmuggelt und in Iran angepflanzt haben. Ihm zu Ehren hat man das Museum gebaut, das auch sein Mausoleum ist. Sein Grab erinnert ein wenig an die Form einer Teekanne.

Links und rechts der Straße in Richtung Rascht sehen wir Reisfelder; die Gegend ist flach und der Boden sehr nährreich. Wasser und Sonne gibt es reichlich. Im April werden die Reispflanzen in den Boden gesteckt, im Juli ist Erntezeit. Wir erreichen Rascht – hier war ich seit meiner Kindheit nicht mehr, und ich bin überrascht, wie sehr sich dieser Ort verändert hat. Früher sind wir öfter hier gewesen, weil das Klima viel angenehmer ist als in den großen Städten. Am Kaspischen Meer gab es schöne Hotels und Strandhütten. Mit meinen Brüdern habe ich im Meer gebadet und im weißen, feinen Sand gespielt. Aber das ist alles Vergangenheit.

In der Provinzhauptstadt Rascht ist jeden Tag Markt. Er ist nicht vergleichbar mit anderen Basaren in Iran, denn hier geht es nicht um Kunsthandwerk oder Teppiche, es gibt stattdessen alles, was die Region an Essbarem zu bieten hat. Der Geruch von geräuchertem Fisch mischt sich mit dem Duft von getrockneten, eingelegten Oliven, Granatapfelsirup und frischen Früchten jeglicher Art. Das Land ist so fruchtbar, das Klima so günstig, dass man hier zum Teil mehrmals im Jahr ernten kann. Auf dem Markt gibt es auch eine Spezialität der Region Gilan, ein Reisgebäck. Dünnflüssiger Teig wird auf ein Blech geträufelt und in wenigen Sekunden gebacken. Als Zwischenschicht wird eine Nusspaste aufgetragen, dann wird das Ganze zusammengefaltet, und fertig ist das kunstvolle, aber einfache Gebäck.

Durch Kriege und durch ein starkes Erdbeben im Jahr 1990 erlitt die Stadt Rascht starke Schäden. Von der alten Bausubstanz blieb fast nichts übrig. Es ist deshalb eine sehr moderne Stadt mit auffallend niedrigen Häusern im Zentrum. Hier steht auch das weiß getünchte zweistöckige Rathaus im Kolonialstil. Sein Uhrturm und die Dächer waren durch das Erdbeben beschädigt worden und mussten erneuert werden. Da es kaum Sehenswürdigkeiten in Rascht gibt, reicht es normalerweise, eine Nacht dort zu verbringen.

Am nächsten Morgen geht es weiter die Küste entlang. Bald erreichen wir Bandar Anzali, die bedeutendste Hafenstadt am Kaspischen Meer. Knapp 100 000 Einwohner zählt die Stadt. Hier ist auch die Fischereibehörde Shilat angesiedelt, die für die Kontrolle des Störfangs und die Kaviargewinnung zuständig ist. Inzwischen ist der Stör leider vom Aussterben bedroht, und die Produktion ist erheblich zurückgegangen.

»Jeden Morgen sind meine Kollegen und ich mit den Fischerbooten raus auf das Meer gefahren, um Störe zu fangen. Doch seit einigen Jahren ist es vorbei, denn die Kaviarfabrik im Ort wurde dichtgemacht«, erzählt mir ein älterer Mann. Er sitzt zusammen mit seinen Freunden in einer Teestube an der Kaimauer. Sein Gesicht ist von Furchen gezeichnet – man sieht ihm die harte Arbeit an. Seine Augen sehen trübe und traurig aus. »Unsere Fischerboote waren früher prall gefüllt mit Stören, doch heutzutage gibt es riesige Produktionshallen, wo die Fische gezüchtet werden.«

Der Kaviar wird nicht ohne Grund »Schwarzes Gold« genannt, so teuer ist die Delikatesse. Feinschmecker in Europa zahlen bis zu 1400 Euro für hundert Gramm echten iranischen Kaviar – auf Farsi sagt man *Chaviar*, was Kuchen der Freude bedeutet. Er gilt als der beste der Welt. Der Preis steigt immer weiter, weil der Stör immer seltener wird. Ende der 1990er-Jahre zogen die iranischen Fischer noch 123 Tonnen Kaviar an Land – heute sind es keine zehn. Für Iran ist der Kaviar inzwischen das zweitwichtigste Exportgut, gleich nach dem Erdöl.

Eigentlich ist im Sommer Schonzeit für die Fische, aber die staatliche Flotte fährt trotzdem raus. Von den ehemals mehr als hundert Fischerbooten sind jetzt nicht mal mehr dreißig übrig. Wie andere Gewässer auch, ist das Kaspische Meer überfischt, dazu kommen die Umweltsünden – zu viele Abwässer und Düngemittel gelangen in den See und machen dem fragilen Ökosystem zu schaffen.

Die Bootsbesitzer machen das Beste aus ihrer Lage und fahren mit den Touristen in die etwa 500 Quadratmeter große Lagune. Im Sommer ist sie ein Paradies für Liebhaber von Wasserpflanzen. Auf mehreren Quadratkilometern blühen Seerosen. Für Ornithologen ist im Dezember Hauptsaison: Zugvögel nutzen die Lagune als Rastplatz oder überwintern dort.

»Mehr als hundert Arten kommen jedes Jahr«, erzählt uns der alte Fischer.

Leider birgt auch sie Probleme. Einst war sie acht Meter tief, jetzt misst sie an vielen Stellen nicht einmal mehr einen Meter, weil mehr Wasser verdunstet als nachfließt.

Wir schlendern noch ein wenig die Hafenpromenade entlang, bevor wir uns auf den Weg nach Masuleh machen. Der kleine Ort liegt etwa fünfzig Kilometer südwestlich von Rascht an einem steilen Berghang in 1050 Meter Höhe. Je höher wir kommen, desto dichter wird der Nebel oder die Wolken, die sich hier in den Bergen festsetzen und abregnen. Deshalb nennt man die Region zwischen Kaspischem Meer und Elburs-Gebirge auch den grünen Gürtel Irans.

Alle Häuser sind in Richtung Süden, also zur Sonnenseite, ausgerichtet und mit gelber Tonerde überzogen, damit sie im Nebel gut erkennbar sind. Die meisten Häuser bestehen aus einem Wohnraum, einer Diele, einem Abstellraum und hohen Treppen. In Masuleh ist es Tradition, wild gewachsene Farne zum Abdichten der Gebäude zu verwenden. Dieses Baumaterial bietet die waldreiche Umgebung in Hülle und Fülle.

Wegen seiner spektakulären Lage und der terrassenförmigen Bauweise der Häuser gehört das malerische Dorf zu den Anwärtern für einen Platz auf der Liste des UNESCO-Weltkulturerbes. Das Dorf existiert seit dem 16. Jahrhundert, und wer es vollständig besichtigen möchte, muss einen Höhenunterschied von etwa 1200 Metern überwinden. Wegen des

Gefälles sind die Lehmhäuser fast ausschließlich über Stufen und kleine, gewundene Pfade miteinander verbunden, wobei das Dach des einen Hauses dem darüberliegenden Gebäude als Basis dient. Die auskragenden Dächer bilden sozusagen Vorhöfe, auf denen die Einwohner spazieren gehen und sich begegnen – eine weltweit einzigartige Architektur. Einige Bewohner haben es sich gemütlich gemacht – sie sitzen auf der Erde oder auf kleinen Steinblöcken. Sie plaudern über Politik, Kultur oder besprechen geschäftliche Dinge. Kleine Kinder spielen Fußball. Ich komme mit einem der Einheimischen ins Gespräch.

»Die Dächer sind ein fester Bestandteil unseres Lebens«, erzählt Darius. Laut Statistik leben hier noch 500 Einwohner, allerdings scheint die Zahl sehr hoch gegriffen, denn gerade junge Menschen sehen keine Zukunft in diesem alten Dorf, das nur noch vom Tourismus lebt.»Obwohl Masuleh auszusterben droht, wollen die Bewohner keines ihrer alten Häuser verkaufen. Sie hängen daran, auch an der Geschichte des Dorfes«, sagt Darius.

Angesichts der Tatsache, dass diese alten Häuser vor allem aus Lehm und Holz bestehen, ist es wirklich erstaunlich, dass die Dächer als Bürgersteige und Gehwege dienen können. Sie bestehen aus mehreren Schichten und sind vermutlich deshalb sehr stabil. Zahlreiche Erdbeben hat das Dorf schon überstanden, dabei ist kein Haus eingestürzt, sondern höchstens mal durch einen herunterstürzenden Felsen beschädigt worden.

Trotz der Enge in Masuleh gibt es viele traditionelle Kaffeehäuser, denn der Ort ist nicht nur bei iranischen Wochenendausflüglern beliebt, sondern steht inzwischen auch auf dem Tourenplan ausländischer Veranstalter. Die Einwohner freut's: Mit gestrickten Puppen (ohne Schleier) versuchen sie, sich ein kleines Zubrot zu verdienen.

Wer nach einer Besichtigung des eindrucksvollen Ortes noch Lust auf eine Bergwanderung hat, kann von hier aus gut starten, am besten mit einem ortskundigen Führer.

Wir hingegen fahren über den landschaftlich reizvollen Heyran-Pass weiter in Richtung Ardabil, immer entlang der Staatsgrenze zu Aserbaidschan. Die Bäume und Sträucher blühen schon zartgrün. Je weiter wir die Passstraße hinauffahren, desto langsamer kommt die Autokolonne voran, und wir stehen wieder einmal im Stau.

Ein dichter Nebelschleier hüllt die Landschaft ein. Das Licht der Scheinwerfer leuchtet durch das milchige Weiß der Schwaden, die Straße windet sich höher und höher, bis auf den Scheitelpunkt in mehr als 1450 Meter Höhe − ein blaues Schild weist uns darauf hin. Wir steigen kurz aus und machen ein Foto. Weiter geht es durch einen Tunnel, an dessen Ende ich aus dem Staunen nicht mehr herauskomme − gleißendes Sonnenlicht blendet meine Augen.

Oben auf dem Heyran-Pass ändert sich plötzlich das Klima; das Hochland Aserbaidschans grenzt an die feuchten Nebelwälder der Provinz Gilan. Schlagartig sind auch die Bäume verschwunden, stattdessen stehen vor unseren Augen grasbewachsene grüne Berge in strahlendem Sonnenschein. Unglaublich dieser abrupte Wechsel der Vegetation und des Wetters.

In der weiten, baumlosen Ebene, die wir durchfahren, nähern wir uns immer mehr dem Talysch-Gebirge, das zum nördlichen Ausläufer des Elburs-Gebirges gehört. Die Vegetation ist eintönig, das Klima trocken. Schneebedeckte Gipfel glitzern in der Abendsonne. Dann sinkt der Feuerball hinter den Horizont, und im gelben Licht der Laternen erreichen wir am Abend Ardabil – eine Stadt mit 480 000 Einwohnern, 1351 Meter hoch auf einem Plateau gelegen.

Auch hier wird Aseri gesprochen, eine Sprache, die dem Türkischen sehr verwandt ist. Ardabil befindet sich nicht weit vom Kaspischen Meer entfernt und hat deshalb eine historische Bedeutung, zumindest für die Region Aserbaidschan. Überhaupt ist das Land Aserbaidschan gar nicht so weit entfernt. Bis zum Grenzort Astara am Kaspischen Meer sind es nur 77 Kilometer. So ist es auch nicht verwunderlich, dass über den Fernseher im Hotel ständig aserbaidschanische Programme flimmern. Wir haben uns eingemietet in einem Dreisternehotel für dreißig Euro die Nacht. Das Preis-Leistungs-Verhältnis stimmt.

Und selbst hier gibt es WLAN. Sowieso benutzen die jungen Leute alle möglichen Kanäle: VPN und Proxy-Server machen es möglich, dass Facebook, Twitter oder Telegram verwendet werden, obwohl es verboten ist. Es ist ein Katz-und-Maus-Spiel zwischen der Regierung und der Bevölkerung des Landes.

»Die Regierung lässt sich immer neue Wege einfallen, um Webseiten zu blockieren, und wir finden immer neue Wege, um diese Sperren zu umgehen«, sagt meine Freundin Mona. Es sind Repressionen, die nichts bewirken und trotzdem jeden Einzelnen in Atem halten.»Vor ein paar Wochen haben Polizeibeamte die Satellitenschüssel meiner Eltern konfisziert, weil damit verbotene Sender und staatsgefährdende

Propaganda empfangen werden könnten, so die Begründung. Am nächsten Tag hat mein Vater einfach eine neue gekauft«, erzählt Mona und grinst dabei schelmisch.

Ardabil ist eine sehr alte Siedlung. Seit dem Mittelalter hat die Stadt wegen ihrer Lage an den wichtigen Handelsrouten immer eine gewisse Bedeutung gehabt, wurde durch die Nähe zum Kaukasus aber auch oft von Kaukasiern und von Russen angegriffen. Erst unter der Safawiden-Dynastie konnte sich die Stadt erholen. Die verschiedenen Bauten der einstigen Herrscher schmücken Ardabil noch immer. So führen heute noch Brücken aus der Safawiden-Zeit über den Fluss Baliqli Chay. Die bekannteste ist die Pol-e Jajin mit ihren sieben Bögen. Das architektonische und kulturhistorische Herz der Stadt ist jedoch das Mausoleum des Scheichs Safi al-Din, der der Safawiden-Dynastie den Namen gab.

Eines fällt besonders auf – überall in den Geschäften hängt ein Porträt des ehemaligen Fußballspielers Ali Daei, Irans Rekordnationalspieler und Stürmerstar der Bundesliga. In Ardabil ist man stolz auf den einstigen Ausnahmespieler, nach dem sogar das städtische Fußballstadion benannt wurde. Inzwischen soll er wieder in Ardabil wohnen.

Unser Weg führt uns weiter nach Zandschan – eine Stadt mit 400 000 Einwohnern. Sie soll vom Sassaniden-König Ardaschir I. in der ersten Hälfte des 3. Jahrhunderts gegründet worden sein. Bis in die Neuzeit war sie eine wichtige Karawanen- und Handelsstadt auf der Route von Täbris nach Qazvin, was dann auch schon unsere nächste Station ist.

Der Ort mit seinen knapp 350 000 Einwohnern liegt an den Ausläufern des imposanten Elburs-Gebirges und gilt als

Tor zum historischen Persien an der kurdischen Grenze im Westen und der aserbaidschanischen Grenze im Norden. Qazvin war einfacher zu verteidigen als Täbris, deshalb machten die Safawiden Qazvin im 16. Jahrhundert zur Hauptstadt ihres Reichs. Der Ort gehörte damals zu den wichtigsten Stationen im Wegenetz der Seidenstraße, die vom heutigen Xi'an in China bis nach Istanbul, damals Konstantinopel, und ans Mittelmeer führte. Allerdings verlor die Seidenstraße allmählich an Bedeutung, da der Seehandel ihr zunehmend Konkurrenz machte.

Die Safawiden waren eine rein persische Dynastie: Sie lösten die Timoriden ab und beendeten damit die 500-jährige Vorherrschaft turkmenischer und mongolischer Stämme. Dass sie großartige Baumeister waren, zeigt die Karawanserei mitten in der Stadt – sie erinnert an die Glanzzeit Qazvins als Hauptstadt. Ein wunderbar restauriertes Kunstviertel gibt es auch, zudem ist Qazvin berühmt für seine Textilindustrie und landwirtschaftliche Erzeugnisse wie Getreide, kernlose Weintrauben und Obst.

Von Qazvin aus fahren wir zur Bergfestung Alamut ins Elburs-Gebirge. Die im Jahre 840 errichtete Zitadelle galt lange Zeit als uneinnehmbar, bis sie etwa 200 Jahre später von Hasan-i Sabbāh erobert wurde – der als Erfinder des Selbstmordattentats in die Geschichte einging. Er soll junge Männer um sich geschart, mit Haschisch gefügig gemacht und ihnen suggeriert haben, dass sie nach den von ihm angeordneten Auftragsmorden an seinen politischen Widersachern – bei denen sie oft den Tod fanden – ins Paradies kämen. Erst die Mongolen machten 1265 dem Treiben der Assassinen ein Ende.

Eine kurvenreiche Straße führt etwa 2000 Meter hinauf, vorbei an tiefen Schluchten und sattgrünen Wiesen, durch kleine Gebirgsbäche und empört blökende Schafherden. Das letzte Stück zur Festung müssen wir zu Fuß bewältigen, wir keuchen und schwitzen, dann thronen die Ruinen von Alamut wie ein Adlerhorst vor uns auf einem hoch aufragenden Felsgrat. Die Aussicht ist so spektakulär und romantisch, dass uns endgültig der Atem stockt.

Nachdem wir Qazvin und die Umgebung erkundet haben, geht es wieder zurück nach Teheran. Wir sind voller Eindrücke und unterhalten uns auf der Fahrt über all das, was wir gesehen haben. Hinter uns liegt eine wunderbare Autotour, an die wir uns noch lange, wenn nicht ewig, erinnern werden.

Abenteuer auf vier Rädern

Wer mit dem Auto nach Iran einreisen möchte, muss einige Hürden überwinden. Dennoch ist es ein absolut lohnenswertes Erlebnis. Als mein Mann, meine Tochter Mina und ich im Jahr 2015 das Abenteuer wagten, wurden wir mit unserer bisher schönsten Reise belohnt – in sechs Wochen durchquerten wir ganze vierzehn Länder.

Vor uns liegen 10 000 Kilometer, als es frühmorgens am 25. Juli 2015 losgeht. Mir ist etwas mulmig zumute, schließlich geht unsere Tour auch quer durch die Türkei. Erst wenige Wochen vorher hatte es an der Grenze zu Iran einen Anschlag von Kurden auf ein Militärfahrzeug gegeben. Aber was soll's, es wird schon alles gut gehen, denke ich.

Das Auto ist gepackt, alle Papiere liegen griffbereit, der kleine Kühlschrank im Kofferraum und die Thermoskanne mit Tee sind gefüllt. Wir fahren gemütlich los, lassen uns Zeit für die Reise. Nach kleineren Aufenthalten in Österreich, Italien und Serbien geht es weiter durch Mazedonien. Kurz vor der griechischen Grenze kommen uns die ersten Flüchtlinge auf der Autobahn in Richtung Norden entgegen, zu Fuß bei 32 Grad Hitze. Es sind ältere Menschen, Frauen mit Kindern an der Hand und nur einer kleinen Reisetasche mit ihrem letzten Hab und Gut. Manche von ihnen versuchen, auf die vorbeifahrenden Lkws zu springen.

Mir kullern ein paar Tränen die Wangen hinunter, ich möchte gern helfen, aber wie? Schließlich fahren wir ja in die entgegengesetzte Richtung. Einige Flüchtlinge sitzen auf den Feldern im Grenzgebiet in der prallen Sonne. Sie sind erschöpft von dem langen Fußmarsch, der hinter ihnen liegt. Überall stehen Militärpolizisten, die die Flüchtlinge an der Einreise hindern sollen. Und das ist erst der Anfang – vier Wochen später werden es Tausende sein, die versuchen, über die Grenze zu kommen.

Was für ein Glück wir haben, denke ich noch, dass wir einfach so nach Griechenland einreisen können. Dort machen wir einen längeren Zwischenstopp und verbringen eine Woche am Meer. Mina entpuppt sich auf der langen Fahrt als super Reisekind, auch dank des DVD-Players, der an der Rückseite des Fahrersitzes angebracht ist, und der großen Spielzeugkiste.

Nachdem wir uns am Strand etwas erholt haben, geht es weiter, quer durch die Türkei. Nach drei Tagen erreichen wir die türkisch-iranische Grenze, wo es zwei Übergänge gibt: einmal Bazargan und etwas weiter südlich in Richtung Syrien der Übergang Esendere, der gerade erst neu eröffnet worden ist. Wir entscheiden uns für Letzteren und übernachten zuvor in einem Hotel im türkischen Grenzort Doğubeyazıt. Als wir uns am nächsten Morgen nach dem Frühstück auf den Weg machen, stehen an der iranischen Grenze bereits einige Dutzend Autos vor einem weißen Gittertor. Es werden immer nur ein oder zwei Wagen hindurchgelassen. Zum Glück gibt es zwei getrennte Schlangen für Lkws und Pkws. Wir reihen uns ein und warten. Unterdessen lege ich mein Kopftuch um die Haare und ziehe meinen langen Leinenmantel über.

Nach etwa einer Stunde sind wir an der Reihe. Das Stahltor geht auf, und ein iranischer Soldat nimmt unsere Pässe entgegen. Danach weist er uns den Weg in ein kleines Gebäude – eine weitere Passkontrolle wird fällig. Das Innere der Abfertigungshalle ist mit Marmor verkleidet, an den Wänden hängen Bilder von bärtigen Männern mit Turban. Eine halbe Stunde dauert die Erledigung des Papierkrams.

Wie ihm Iran denn so gefalle, fragt ein Beamter meinen Mann, noch bevor der Einreisestempel im Pass ist. Außerdem weist der nette Beamte am Schalter mich darauf hin, dass ich als iranische Staatsbürgerin 80 000 Tuman – umgerechnet 25 Euro – zahlen muss. Wohl so eine Art Kurtaxe, die meinem deutschen Mann erspart bleibt.

Danach muss das Auto eingeführt werden. Wieder heißt es anstehen und warten. Wichtig ist dabei das »Carnet de Passage«, das wir gegen 15 000 Euro Kaution in Deutschland vom ADAC bekommen haben. Ohne dieses Dokument darf niemand mit dem Pkw nach Iran einreisen. Während wir auf unsere Papiere warten, komme ich mit anderen Iranern ins Gespräch. Ein netter Herr spricht mich an und ist erstaunt darüber, dass wir den ganzen Weg von Deutschland mit dem

Auto gekommen sind. Sowieso sind wir die einzige Familie mit einem deutschen Auto. An der Grenze sind sonst nur Iraner unterwegs, die geschäftlich in der Türkei zu tun hatten, oder Familien, die dort Urlaub gemacht haben – denn für die Türkei benötigen sie kein Visum.

Nach einiger Zeit bekommen wir unsere Papiere wieder. Ich prüfe noch schnell, ob die Stempel an der richtigen Stelle sitzen – alles okay. Nun brauchen wir nur noch eine Versicherung für das Auto. Zwar gibt es in Deutschland die »Grüne Versicherungskarte«, aber Iran ist darauf als einziges Land durchgestrichen, und so gilt die Haftpflichtversicherung dort nicht. Aber auch das funktioniert reibungslos. Wir bezahlen umgerechnet etwa vierzehn Euro für zwei Wochen. Wer länger in Iran bleiben möchte, benötigt ein iranisches Kennzeichen, das ebenfalls problemlos gegen ein paar Tuman an der Grenze zu bekommen ist. Ich hatte zum Glück noch ein paar Scheine von meiner letzten Reise in der Tasche, denn Geld an der Grenze zu tauschen ist sehr teuer.

Nach insgesamt einer Stunde verlassen wir das Zollgebäude wieder. Ein weiterer Beamter in Zivil wirft noch kurz einen Blick in unser Auto, und los geht's. Immer wieder liest man in Internetforen von einer Mafia, die einem angeblich viel Geld für das »Carnet de Passage« oder die Versicherung abknöpft oder auch für angebliche Straßengebühren. Aber von denen ist weit und breit keine Spur zu sehen.

Eine Schotterstraße führt uns über die iranische Grenze. Die Schilder sind alle auf Farsi geschrieben, nur selten entdecken wir auch lateinische Buchstaben. Zum Glück kann ich die Schrift lesen, und so wissen wir gleich, wo es langgeht.

Nur kurze Zeit später werden wir von der Polizei angehalten, weil mein Mann zu schnell unterwegs ist. Ich versuche, auf Farsi mit den freundlichen Polizeibeamten zu verhandeln, aber es nützt alles nichts. So werde ich auch meine letzten Tuman-Scheine los. Umgerechnet müssen wir vierzig Euro Strafe zahlen, sofort und bar auf die Hand.

Die meiste Zeit sitzt mein Mann am Steuer, weil ich nicht so gern Auto fahre, schon gar nicht in den Großstädten. Jetzt gönnt er sich eine Pause, und ich lenke uns durch ein grünes Tal, vorbei an schönen felsigen Bergen und einem Fluss. Wir kommen in den kleinen Ort Maku, wo wir in einer Wechselstube Geld eintauschen können.

Diesel-Pkws sind in Iran unbekannt, und so gibt es immer heftig winkende Menschen, die uns auf unseren vermeintlichen Irrtum hinweisen wollen, wenn wir uns an der Tankstelle zwischen den Lkw einreihen. Übrigens wird immer wieder erzählt, man könne in Iran keinen Diesel tanken, oder man bräuchte eine spezielle Karte, die man für viel Geld an der Grenze kaufen müsse – alles Quatsch. Wir haben keine eigene Dieselkarte gekauft und können trotzdem tanken. Nahezu jeder Lkw-Fahrer besitzt nämlich eine solche Karte, und für ein paar Euro kann man sie sich sozusagen »leihen«. Die Lkw-Fahrer wollen ein bisschen daran verdienen, aber wenn man bedenkt, dass eine Tankfüllung etwa acht Euro kostet, zahlt man gern etwas mehr.

Insgesamt sind wir zehn Tage mit dem Auto in Iran unterwegs. Da Mina nur sechs Wochen Sommerferien hat, haben wir nicht länger Zeit, schließlich müssen wir ja noch die 5000 Kilometer wieder zurück nach Deutschland. So verbringen wir ein paar Tage in Teheran, wo der irre Autoverkehr mit bis zu zehn nebeneinander fahrenden Fahrzeugen meinem Mann zum Glück nichts ausmacht.

Zurück geht es über Täbris und von dort in Richtung Heimat. Am Ende geht alles gut, ohne eine einzige Panne und ohne Unfall. Es war ein einmaliges Abenteuer, ein richtiger Roadtrip – den ich nur jedem zur Nachahmung empfehlen kann.

Mit dem Zug quer durchs Land

Um Iran genauer kennenzulernen, bietet sich eine Reise mit dem Zug an. Mit der Transiranischen Eisenbahn – der bedeutendsten Schienenverbindung des alten Persiens. Die Strecke von rund 1400 Kilometern führt in Richtung Norden über Arak, Ghom, Teheran und Sāri bis nach Bandar-e Torkaman, wo das orientalische Schienenabenteuer am Kaspischen Meer endet.

Los geht es in Khorramschahr – einer bedeutenden Hafenstadt nahe bei Abadan im Süden von Iran, am Zusammenfluss von Euphrat und Tigris. Bevor es auf den Bahnsteig geht, werden noch die Pässe und Tickets kontrolliert. Fleißige Helfer putzen den Zug. Erst dann dürfen die Passagiere einsteigen. Pünktlich um neun Uhr geht es los, die Eisenbahn setzt sich langsam in Bewegung und wird immer schneller – bis zu 160 Kilometer in der Stunde. Die einzelnen Abteile der zehn Waggons sind modern und bequem, bis zu sechs Personen kommen darin unter. Zudem hat der Zug noch zwei Großraumwagen. Jeder Fahrgast hat eine Platzkarte, was das Reisen stressfrei und bequem macht. Allerdings sind die Platznummern ausschließlich in persischen Zahlen angegeben, die für westliche Reisende nur Hieroglyphen sind.

Ich lande in einem Abteil mit jungen Studentinnen – alle Anfang zwanzig. Sie wollen für ein paar Tage nach Teheran, erzählen sie mir. Laleh hat ihre Gitarre mitgebracht und fängt an zu spielen; jemand aus der Gruppe beginnt zu singen, andere stimmen ein.

Es klopft an der Tür, der Schaffner serviert das Frühstück: dünnes Fladenbrot, gefaltet wie ein Handtuch, Butter, Streichkäse, Marmelade und Honig. Ein Wasserkocher für Tee oder Kaffeegranulat steht auf einem Tablett. Wir genießen gemeinsam die Mahlzeit, zwischendurch wird viel gelacht, miteinander geplaudert. Die erste Stunde vergeht wie im Flug. Überall spürt man die Neugier der jungen Iraner. Sie suchen den Kontakt mit den ausländischen Touristen und haben keine Scheu davor, E-Mail-Adressen oder Telefonnummern auszutauschen. Es sind weit und breit auch keine Sittenwächter in Sicht, die das verhindern könnten. Die Frauen sitzen bei offener Tür im Abteil oder laufen im Gang herum – ohne Kopftuch. Erst wenn sie den Speisesaal betreten oder wir eine Station erreichen und sie aus dem Zug steigen, müssen sie ihre Haare wieder bedecken.

Apropos Speisesaal: Die ausländischen Fahrgäste müssen sich an den iranischen Rhythmus gewöhnen, was nicht jedem auf Anhieb leichtfällt. In europäischen Ländern kommt und geht jeder ins Zugrestaurant, wann er möchte. In Iran sollte man sich besser dem Zeitplan des Personals anpassen. Früher oder später kommt der Schaffner vorbei und fragt jeden Reisegast, was er zu Mittag essen möchte. Auf der Speisekarte stehen wahlweise Hähnchen-Kebab oder verschiedene Eintöpfe mit Reis, Brot und Joghurt. Pro Mahlzeit bezahlt man etwa vier Euro. Dazu gibt es Fanta, Cola oder Wasser. Zwischendurch wird immer wieder Tee und Gebäck gereicht – kostenfrei. Wer möchte, nimmt im Speisewagen Platz, wer keine Lust dazu hat, bleibt eben sitzen und bekommt das Essen serviert.

Die Abteile sind gut und modern ausgestattet, mit Sitzbänken, die zum Schlafsofa mit komfortablen Matratzen umgebaut werden können, Blümchendecken auf den Tischen, daneben steht ein kleiner Mülleimer, der während der Zugfahrt häufig geleert wird. Überhaupt sind die Züge sehr sauber. Auf dem Boden der Abteile liegt ein orientalischer Teppich. Die Schlafwagen sind alle klimatisiert, und fast immer befindet sich auch ein Fernseher darin. Iraner lieben es, im Zug oder im Bus einen Film zu sehen. Während es früher nur Stehtoiletten in den Waggons gab, sind die modernen Züge inzwischen auch mit europäischen Toiletten ausgestattet.

Das iranische Schienennetz ist insgesamt knapp 8 500 Kilometer lang. Auf den großen Strecken genügt es nicht, einfach ein Ticket zu lösen, man benötigt zudem eine verbindliche Reservierung. Grundsätzlich existieren nur reine Männer- oder Frauenkabinen. Möchte eine Familie gemeinsam in ein Abteil, so muss dieses komplett reserviert werden. Es ist grundsätzlich aber kein Problem, wenn Männer und

Frauen gemeinsam ein Coupé buchen möchten. Im Unterschied zu einigen Hotels fragt hier niemand nach dem Trauschein.

Überall wo es interessant ist, wird haltgemacht, und es bleibt genügend Zeit, um in eine fremde und zugleich bezaubernde Welt einzutauchen. Allerdings stoppt der Zug auch außerplanmäßig, wenn es Zeit wird für das Gebet. Wir halten kurz in dem kleinen Ort Bischeh, wo es wie in jedem Bahnhof Gebetsräume gibt, streng getrennt nach Geschlechtern. Etwa zwanzig Minuten haben die Gläubigen Zeit fürs Gebet. Der Ruf des Muezzin kommt vom Band. Ich verzichte auf diese Zeremonie, obwohl ich Muslimin bin. Mein Vater war nicht sehr religiös, er hat mit zwanzig Jahren aufgehört zu beten, weil er nicht mehr morgens um vier Uhr aufstehen wollte. So hat er mich und meine beiden Brüder dann auch nicht sonderlich religiös erzogen.

Während die anderen beten, mache ich kurz einen Abstecher zu den nahe gelegenen Wasserfällen von Bischeh – sie gehören mit zu den schönsten in Iran. Siebzig Meter hoch, ein eindrucksvolles Naturschauspiel und beliebtes Ausflugsziel an den Wochenenden. Viele Iraner kommen sogar aus dem weiter entfernten Teheran hierher, um zu chillen, zu baden oder *Ghaylun* zu rauchen.

Nach unserer kurzen Stippvisite geht es weiter mit dem Zug in Richtung Norden. Draußen ziehen faszinierende Landschaften vorüber. Es geht durch weite Steppen, grüne Oasen und die schier unendliche Weite des iranischen Hochlands. Der Schaffner klopft noch einmal an unsere Abteiltür und reicht uns Bettwäsche und eine Flasche Wasser für die Nacht. Die Sitzbänke werden zu Betten umfunktioniert. Ich begebe mich in die Waagerechte – ganz sanft werden wir in den Waggons durch die Landschaft geschaukelt. Es ist inzwischen spät geworden, und langsam falle ich in einen tiefen Schlaf.

Am nächsten Morgen schaue ich durch das Fenster in die aufgehende Sonne, die die Landschaft in ein rötliches Farbenmeer verwandelt. Ich halte meine Kamera an die Fensterscheibe und versuche, dieses wunderbare Bild einzufangen.

Der Zug fährt langsam in den Bahnhof von Arak ein – mit einer Million Einwohnern ist es die größte Stadt der Provinz Markazi. Es wird auch als Industriehauptstadt Irans bezeichnet, denn hier findet man viel Metall- und Maschinenbau. Der Ort liegt inmitten von Bergen auf 1800 Metern Höhe. Arak wurde um 1805 gegründet und hieß damals Sultanabad. Unter diesem Namen war die Stadt auch für die Herstellung von Teppichen bekannt.

Nach einem ausgiebigen Stadtbummel geht es weiter mit dem Zug nach Ghom – eine äußerst religiöse Stadt, die vielleicht deshalb nicht bei allen Iranern sehr beliebt ist. Es wimmelt nur so von Tschador tragenden, meist streng dreinblickenden Frauen, die wie Schattenwesen entlang der historischen Häuser durch das Stadtzentrum huschen. Die Männer schreiten erhobenen Hauptes vorbei, in einen bodenlangen Umhang aus hellbraunem Kamelhaar gehüllt, auf dem Kopf einen Turban.

Vielen Iranern gelten die Einwohner als fanatische Schiiten, und tatsächlich gibt es in Ghom zahlreiche religiöse Schulen. Ajatollah Khomeini lebte hier bis zu seiner Abschiebung 1964; auch nach seiner Rückkehr hielt er sich oft hier auf. Die meisten Pilger kommen allerdings, um eines der wichtigsten schiitischen Heiligtümer Irans zu besuchen – das Grab von Fatima Masuma, der Schwester des achten Imam Reza. Man bemerkt schnell, dass Ghom ein konservativer Ort ist, aber je näher wir dem Schrein Fatimas kommen, desto strenger werden die Menschen sogar noch. Das heilige Zentrum der Stadt wirkt wie ein schwarzes Loch: Überall drängen sich die Frauen im Tschador. Nur die riesige goldene Kuppel des Schreins glänzt in einiger Entfernung hell in der Sonne.

Ich gehe die breite, vierspurige Straße entlang, die zum Grabmal führt – mit mir Dutzende Gläubige und Pilger. Sie alle wirken ernst, beinahe feierlich. Im Jahre 816 soll Fatima während einer Reise von Medina kommend erkrankt sein. Sie ließ sich nach Ghom bringen, wo sie kurz darauf im Alter von 28 Jahren starb. Da sie die Angehörige einer Prophetenfamilie war, errichtete man ein Grabmal für sie, das im Laufe der Jahrhunderte immer prächtiger ausgebaut wurde.

Auch hier gibt es für Männer und Frauen unterschiedliche Eingänge in das Heiligtum. Vor dem Gebäudekomplex herrscht dichtes Gedränge. Die Besucher strömen durch die nach Geschlechtern getrennten Bereiche in den Innenhof – ohne Tschador gibt es hier keinen Zutritt. Ich bleibe lieber draußen und kommen ins Gespräch mit einem Ajatollah. Der muslimische Gelehrte trägt ein langes Gewand, auf dem Kopf einen Turban. Sein grauer Bart ist sorgfältig gestutzt. Seine Augen blicken gütig, und auch das, was er mir erzählt, klingt nicht nach Bekehrung, sondern nach Frieden und Versöhnung zwischen den Völkern und Religionen. Er ist eine Art intellektueller Geistlicher, den man alles fragen kann, auch Kritisches zum Thema Islam. Ich verlasse die

Stadt Ghom in versöhnlicher Stimmung – mit dem Gefühl, vielleicht doch kein ganz so konservatives Nest besucht zu haben.

Nach rund 900 Kilometern auf Schienen erreichen wir den Hauptbahnhof von Teheran. Nach und nach öffnen sich die Türen des Zuges, einige Fahrgäste steigen voll bepackt mit Koffern, Taschen und riesigen Tüten aus. Auch die Studentinnen aus meinem Abteil verlassen den Zug. Wir verabschieden uns mit Küsschen links, rechts, links und tauschen noch schnell unsere Telefonnummern aus.

Neue Reisende, die auch zum Kaspischen Meer wollen, stehen schon auf dem Bahnsteig bereit. Es herrscht ein wildes Durcheinander auf dem Teheraner Bahnhof, den Reza Schah Pahlavi einst von einer deutschen Firma bauen ließ. Mitten in der Bahnhofshalle liegt ein überdimensionaler Koran, der gut ein Drittel des Raumes füllt und in regelmäßigen Abständen von Arbeitern mit einem Staubwedel sauber gehalten wird.

Auch für die letzte Strecke über Sāri nach Bandar-e Torkaman am Kaspischen Meer habe ich eine Platzkarte reserviert – 460 Kilometer liegen noch vor uns. Wer mit dem Zug reist, ist entweder Nostalgiker, hat viel Zeit oder will Geld sparen, denke ich. Die gesamte Fahrt von Khorramschahr nach Norden kostet ja umgerechnet nur etwa 25 Euro.

Der Abschnitt Teheran-Sāri gilt als die schönste Bahnstrecke in Iran. Sie durchquert das Elburs-Gebirge, welches das Kaspische Meer vom dahinterliegenden Hochland trennt. Auf gerade einmal 240 Kilometern Bahnstrecke gibt es drei Vegetationszonen, die Landschaft wechselt also im Stundentakt. Zunächst führen die Gleise uns durch ein fruchtbares Tal und hinein in die Provinz Māzandarān. Dort überqueren wir die berühmte Veresk-Brücke, die auf bis zu 120 Metern Höhe das Tal zwischen zwei hohen Berggipfeln überwindet und damit die höchste Brücke in Iran ist. Während des Zweiten Weltkriegs, nach dem Überfall der deutschen Wehrmacht auf die Sowjetunion und der darauffolgenden anglo-sowjetischen Invasion in Iran, war sie auch als Pol-e Piroozi bekannt, als Siegesbrücke. Für ihren Bau wurden lediglich Zement, Sand und Ziegelsteine verwendet, wohingegen auf den Einsatz von Metall gänzlich verzichtet wurde. Benannt wurde die Brücke nach dem nahe gelegenen Dorf Veresk. Dort in Sichtweite liegt auf einem Friedhof auch der leitende Ingenieur des Brückenbaus, der Österreicher Walter Aigner. Die Menschen feierten damals die Brückeneinweihung; die Bewohner von Veresk waren stolz darauf, dass Reza Schah Pahlavi und etliche weitere hohe Persönlichkeiten des Militärs in ihr Dorf kamen, um zu sehen, ob die Brücke denn auch stabil wäre. Angeblich hat der Schah den österreichischen Ingenieur gezwungen, sich zusammen mit seiner Frau und seiner Tochter unter die Brücke zu stellen, als der erste Zug darüberfuhr – zum Glück hielt sie stand.

Ich schaue verträumt aus dem Fenster und blicke auf sattgrüne Hügel und Wiesen an den Nordhängen des Elburs-Gebirges. Hier wächst vor allem Reis. Es ist kühl geworden, der Fahrtwind bläst durch die Fenster hinein. Manche Frauen ziehen ihren Tschador über. Auch ich fange an zu frieren und schlüpfe in meinen langen Mantel mit orientalischem Muster. Nach einiger Zeit erreichen wir Sāri, die Hauptstadt der Provinz Māzandarān, mit ihren etwa 300 000 Einwohnern. Von hier aus begann die Verlegung des ersten iranischen Eisenbahnnetzes – nördlich der Stadt fährt der Zug tatsächlich noch auf historischen Gleisen. Durch diese Gegend verlief einst die 120 Kilometer lange Probestrecke, die unter deutscher Leitung gebaut wurde. Man wollte Erfahrungen sammeln, um die genauen Kosten des Bahnbaus abschätzen zu können.

In Bandar-e Torkaman halten wir im Endbahnhof der Transiranischen Eisenbahn. Das Hafenstädtchen ist unspektakulär. Einst gab es hier einen wichtigen Umschlagplatz für den russischen Nachschub: Die Eisenbahnverbindung zum Persischen Golf brachte es mit sich, dass Bandar-e Schah, wie die Stadt bis zur Islamischen Revolution 1978 / 1979 genannt wurde, von den Alliierten während des Zweiten Weltkriegs für die Hilfslieferungen an die Sowjetunion benutzt wurde.

Ich mache einen kleinen Spaziergang entlang der alten Gleise, die vor mir zum Kaspischen Meer verschwinden. Nach den Tagen im Abteil bin ich plötzlich angekommen in der Stille. Züge rollen hier schon lange nicht mehr.

Auf den Spuren von Imam Reza

*Der gewaltige Schrein von Imam Reza, der über seinem Grab er-
richtet wurde, befindet sich in der heiligen Stadt Maschhad. Das
Bauwerk ist nach der Al-Haram-Moschee in Mekka und der Pro-
phetenmoschee in Medina die drittgrößte Moschee der Welt – ein
prächtiger Komplex, den auch Nichtmuslime besuchen dürfen.*

Ich bin bei meinen Freunden Nahid und Mahmud in Maschhad zu Besuch. Wir sitzen im Wohnzimmer, trinken Tee und
plaudern über Gott und die Welt. Ich bin zum ersten Mal in
der heiligen Pilgerstadt der Schiiten im Nordosten des Landes, im Dreiländereck Turkmenistan-Afghanistan-Iran. Wer
es im Leben nicht zur Pilgerfahrt nach Mekka bringt, sollte
zumindest einmal hier gewesen sein: im Haram, dem Mausoleum mit dem Schrein des großen Imam Reza. Und da ich
bisher nicht in Mekka gewesen bin, komme ich nicht um-

hin, als Muslimin das wichtigste Heiligtum des Landes zu besichtigen – meinen zumindest meine Freunde.

Wir fahren mit dem Auto zum Shirazi-Boulevard. Vier breite Straßen führen wie ein Fadenkreuz auf den Schrein zu. Die Anlage ist riesig – mit fast 600 000 Quadratmetern Fläche stellt sie das größte Heiligtum der Welt dar, um je ein Drittel umfangreicher als Mekka in Saudi-Arabien und Kerbela in Irak. Wir parken unser Auto und steigen hinab in den unterirdischen Eingangsbereich.

Im Haram – der verbotenen Stadt – befinden sich verschiedene Moscheen, Minarette, Plätze, Säulengänge, Brunnen, Gebetsräume und eine Koranschule. Etwa zwanzig Millionen Pilger kommen jedes Jahr an den Ort, wo Reza, der achte Imam, begraben liegt. Insgesamt gibt es zwölf Befehlshaber. Die Schiiten betrachten Imam Ali als von Prophet Mohammed bereits zu Lebzeiten designierten Nachfolger und damit als ihren ersten Imam. Die späteren elf Imame sind Alis Kinder und Enkel und stammen in gerader Linie von ihm und seiner Ehefrau Fatima al-Zahra ab. Reza ist als Einziger in Iran begraben.

Vor den Eingängen des Heiligtums: Sicherheitsschleusen, Wachleute, grimmige, prüfende Blicke. Die Eingänge sind wie immer für Männer und Frauen getrennt. Taschen und Rucksäcke werden wie am Flughafen durchleuchtet und müssen am Eingang abgegeben werden. Kameras sind nicht erlaubt, gegen ein paar Schnappschüsse mit dem Handy hat jedoch niemand etwas einzuwenden.

Während die Männer in normaler Kleidung eintreten dürfen, müssen Frauen sich verhüllen. Vor der Tür stehen Wärterinnen und verteilen schwarze Umhänge. Auch ich nehme einen vom Stapel und versuche, das große schwarze Tuch um meinen Körper zu legen. Dabei scheine ich mich so unbeholfen anzustellen, dass meine Freundin anfängt zu lachen und mir zu Hilfe eilt. Aber schließlich bin ich es ja auch nicht gewohnt. Irgendwann habe ich den Dreh raus, und schon ist mein ganzer Körper verdeckt, vom Kopf bis zu den Knöcheln. Damit der Umhang nicht runterfällt, halte ich ihn mit einer Hand unter dem Kinn fest zusammen – manche Frauen nehmen auch ein Stück Stoff in den Mund – und betrete den ersten von insgesamt sieben Innenhöfen, die mit vierzehn Minaretten und drei Brunnenanlagen zur rituellen Waschung geschmückt sind.

Der Innenhof ist hell erleuchtet, aus Lautsprechern ertönen die melodischen Rufe des Muezzins. Auf einem riesigen Gebetsteppich im Freien sitzen die Gläubigen und beten. Neben den meist rechteckigen Höfen führen alle Wege ins eigentliche Zentrum – zum alten Hof mit dem Grabschrein Imam Rezas unter der vergoldeten Kuppel. Die Innenräume des Schreins sind mit prächtigen Spiegelmosaiken ausgekleidet, jede Wand, jede Nische, jeder Bogen ist mit arabesken Mustern verziert, lückenlos. Überall glänzt es. Die Türme und Kuppeln sind vielfach vergoldet, die Wände und Mauern zumeist leuchtend blau gefliest. Es sind die üblichen, beeindruckenden Ranken- und Blütenmuster, die einem immer wieder auf der Reise durch Iran ins Auge treten. Hunderte Glühlampen in gigantischen, von der Decke herabhängenden Kronleuchtern erleuchten den Raum.

Es herrscht emsige Frömmigkeit, Pilger küssen Türen, berühren Wände, murmeln sitzend Worte vor sich hin. Aufseherinnen weisen den gläubigen Frauen mit einem Staubwedel Plätze auf dem Gebetsteppich zu. Das leise Gemurmel erfüllt die Luft – es ist eine ganz ruhige, fast schon gespenstische Atmosphäre. Das mit Gold und Silber verzierte Grabmal steht in einer Ecke des Raumes – die eine Hälfte ist nur für Männer zugänglich, die andere für Frauen. Der Zutritt wird lediglich gläubigen Muslimen gewährt. Auf beiden Seiten stehen sie andächtig mit nach oben geöffneten Händen am Grabmal oder streichen ehrfürchtig über das golden glänzende Metallgitter des sogenannten *Zarih*, das den Schrein schützt.

Dem Grabmal von Imam Reza verdankt die Stadt Maschhad den arabischen Namen, den sie seit dem 9. Jahrhundert trägt: »Ort des Martyriums«. Die zweitgrößte Stadt Irans mit ihren drei Millionen Einwohnern steht einerseits als Metropole im Schatten der Hauptstadt Teheran und andererseits als heilige Stadt im Schatten des geistlichen Zentrums Ghom. Trotzdem hat Maschhad in den vergangenen Jahren wirtschaftlich wie politisch enorm an Bedeutung gewonnen. Jedes Jahr kommt Revolutionsführer Ajatollah Ali Khamenei zu Besuch und hält seine bedeutungsschwere Neujahrsansprache – schließlich wurde er hier geboren. Und mit Ebrahim Raisi ging im Mai 2017 erstmalig ein namhafter Geistlicher aus Maschhad ins Rennen um die Präsidentschaftswahl. An der Grenze zu Afghanistan gelegen, gewinnt die Stadt immer größere Bedeutung als wirtschaftlicher Umschlagplatz. Etliche Migranten kamen in den vergangenen Jahren aus Afghanistan, um die Familien in ihrer Heimat zu versorgen, und inzwischen sind etliche dieser Exilanten erfolgreiche Geschäftsleute geworden, die die wirtschaftlichen Beziehungen beider Länder intensivieren.

Nachdem ich mich durch die Massen gedrängt habe, um das glänzende Metall des Käfigs kurz zu berühren, verlassen wir den mächtigen Schrein wieder. Am Ausgang gebe ich den Tschador ab und bin froh, dass ich den unbequemen Umhang wieder los bin.

»Im Haram ist der Teufel los«, sagt meine Freundin lachend.

Allerdings herrscht auch auf den Straßen dichtes Gedränge und lautes Hupen. Die Menschenmassen drängen durch die moderne Stadt. Vor dem Moscheekomplex ist ein Flohmarkt aufgebaut, hier gibt es allen möglichen Krimkrams: bunte Gebetsketten, Betsteine, Plastikspielzeug, Stoffe, Tücher – Nippes ohne Ende. Zwar ist Maschhad alt, aber nur wenige historische Viertel sind erhalten geblieben, die meisten sind dem Bau des Haram zum Opfer gefallen. Der Pilgertourismus hat sie zerstört, mitsamt dem alten Basar. Interessanterweise gibt es neben dem großen Heiligtum in der Stadt auch zwei Synagogen sowie zwei große Kirchen und einen christlichen Friedhof. Und da Judentum und Christentum in Iran anerkannt sind, wird auch dafür gesorgt, dass diese Heiligtümer erhalten bleiben. Die Synagogen sind allerdings in privater Hand, weshalb sie nicht besichtigt werden können.

Wunder aus Staub und Schlamm

26. Dezember 2003 – ein fürchterliches Erdbeben zerstört fast die gesamte südiranische Stadt Bam. Binnen Sekunden ist alles nur noch Schutt und Asche. In den Trümmern der einfachen Lehmhäuser sterben mindestens 30 000 Menschen, zwei Drittel der Bevölkerung werden über Nacht obdachlos. Noch heute sind überall in der Stadt Ruinen zu sehen, darunter auch die berühmte Zitadelle Arg-e Bam.

Die Bilder gingen im Dezember 2003 um die Welt. Das Erdbeben hatte eine Stärke von 6,8 – innerhalb von zwölf Sekunden waren etwa 85 Prozent der Wüstenstadt im Südosten Irans wie ein Kartenhaus in sich zusammengefallen. Rund 40 000 Gebäude waren betroffen. Offiziell starben 30 000 Menschen durch das Erdbeben, manche sagen, es seien doppelt so viele gewesen, die nach der Katastrophe auf den Friedhöfen begraben wurden. Zehntausende wurden verletzt, und geschätzte 100 000 wurden obdachlos. Kaum etwas blieb übrig von der Stadt und ihrer weltberühmten Festung, die fast 2000 Jahre den Kriegen und Kämpfen an diesem südlichen Zipfel der Seidenstraße widerstanden hatte.

Im Frühjahr 2002 – gut ein Dreivierteljahr vor dem Erdbeben – hatte ich Bam besucht. Als ich das nicht mehr bewohnte historische Areal durch das schmale südliche Tor betrat, bot sich mir ein atemberaubender Anblick. Innerhalb der Wehrmauern befand sich eine Stadt mit Gassen, Wohnhäusern, Moscheen, einem Basar, einer Windmühle sowie der mächtigen Zitadelle. In manchen Häusern lagen noch alte, zerbrochene Tonkrüge. Die Feuerstellen wirkten, als wären sie bis vor Kurzem in Gebrauch gewesen. Kein anderer Ort in Iran vermittelte ein so anschauliches Bild vom Leben in einer mittelalterlichen Stadt. Hoch über der Wüste Dascht-e Lut sollte sie wieder ihre alte Pracht erhalten, überall konnte man die Bauarbeiten beobachten, in der Ferne die ewig schneebedeckten Gipfel, zu Füßen der Stadt die Haine der Dattelpalmen, für die Bam berühmt ist. Jedes Mal, wenn ich in Deutschland die köstlichen, wie Karamell auf der Zunge zergehenden Datteln in einem iranischen Supermarkt kaufe, erinnere ich mich an die Zitadelle, denn sie prangt auf jeder Pappschachtel – das stolze Wahrzeichen der Wüstenstadt. In mühsamer Arbeit wurde sie über Jahre Stück für Stück restauriert; jahrzehntelang war sie mit ihren tausend Jahre alten Lehmbauten ein Magnet für Touristen aus aller Welt. Dann kam das Erdbeben.

Hilfsorganisationen stellten kurz nach dem Unglück für die Bewohner, Journalisten und Mitarbeiter Zelte und Container auf. Die Auswirkungen sind auch fünfzehn Jahre später sichtbar – noch immer wird gehämmert, gemeißelt und gebohrt, der Wiederaufbau ist noch lange nicht abgeschlossen. Ich kann mich gut daran erinnern, wie ich zusammen mit meinen iranischen Freunden damals Winterkleidung für Kinder sammelte, die meine Freundin Parvin dann nach Bam brachte.

Bam ist heute die größte Lehmbaustelle der Welt. Im April 2004 wurde die Stadt von der UNESCO auf die Liste des gefährdeten Weltkulturerbes gesetzt. Schon im 7. Jahrhundert war Bam ein bedeutendes Zentrum der Textilherstellung und des Handels, da die Stadt am Rand der Wüste vom Baumwollanbau profitierte und Händler aus dem ganzen Land anzog. Dann wurde die Festung mehrmals von afghanischen Heeren zerstört und verlor allmählich an Bedeutung. Mitte des 19. Jahrhunderts verließen die letzten Bewohner den historischen Bezirk und zogen in die Neustadt von Bam, die etwa einen Kilometer entfernt entstand.

Vor dem Erdbeben kamen die meisten Besucher der historischen Stadt für einen Tag aus dem 200 Kilometer entfernten Kerman. Andere übernachteten in einer der kleinen Pensionen im Ort – darunter iranische Kunststudenten aus Schiras oder Teheran, die in Bam das Zeichnen von Perspektiven und Schatten übten. Die imposante Lehmstadt wurde zudem immer wieder von Filmemachern als Kulisse genutzt, unter anderem für die Verfilmung des Romans »Die Festung« des italienischen Schriftstellers Dino Buzzati.

Vor dem Erdbeben versuchten viele Bewohner in Bam vom Tourismus zu leben. Allerdings kamen nur wenige Besucher in die Stadt, die etwas abseits der typischen Touristenroute Teheran-Yazd-Schiras-Isfahan liegt, wo in der Hauptreisezeit von März bis April und von Oktober bis November kaum noch Hotelzimmer zu bekommen sind. Und Bam liegt nicht weit entfernt von der pakistanischen Grenze – einer Region also, von deren Besuch das Auswärtige Amt abrät. Zu hoch sei die Gefahr, entführt zu werden.

Dabei muss eine solche Reise nicht zwangsläufig schiefgehen: Vor drei Jahren machte meine Freundin Annette zusammen mit ihrem Ehemann und den drei Kindern eine Reise entlang der pakistanischen Grenze. Es war eine der schönsten Touren ihres Lebens, erzählte Annette hinterher, und die Familie hatte nicht einen einzigen Moment Angst oder bekam ein mulmiges Gefühl.

Auch mein Begleiter Ali Reza kann die Bedenken des Auswärtigen Amts nicht verstehen und schüttelt den Kopf: »Überall auf der Welt kann etwas passieren, auch in Berlin, London oder Paris.« Vermutlich muss jeder für sich entscheiden, welches Risiko er eingeht – und Pech haben kann man natürlich immer.

Yazd – die Wüstenstadt
aus dem Bilderbuch

Marco Polo nannte sie »die Edle« – die historische Stadt Yazd. Sie befindet sich zwischen den beiden Wüsten Dascht-e Kawir und Dascht-e Lut im Herzen Irans und ist eine der ältesten Städte des Landes. Yazd trägt den Weltkulturerbe-Titel und ist ein beschauliches Wüstenstädtchen an der ehemaligen Seidenstraße.

Ich lasse mich im Schlenderschritt treiben. Irgendwann stehe ich vor der Freitagsmoschee, die trotz ihrer Schlichtheit sehr auffallend ist und immerhin die Vorderseite der iranischen 200-Rial-Banknote ziert. Die besondere Krönung sind die beiden Minarette; sie sind die höchsten in Iran und recken sich im Doppelgespann wie in den Märchen aus Tausendundeiner Nacht in den Himmel. Nachts, wenn die Kulisse von zahllosen Lichtern erleuchtet ist, wirkt der Anblick einfach magisch.

Die Fassade des Portals ist gigantisch – von oben bis unten mit hellblauen und türkisfarbenen Fliesen dekoriert. Der Prachtbau aus dem 14. Jahrhundert ist das Wahrzeichen der Stadt, und als ich eintrete, herrscht eine unglaubliche Stille in dem Gebäude. Ein Gefühl tiefer Ruhe stellt sich ein, das sich später, als ich durch die engen Gassen der Altstadt bummle, inmitten der Kargheit und Klarheit der sandfarbenen Lehmziegelbauten noch verstärkt. Die zur Gasse hin fensterlosen Mauern geben nichts Privates preis.

Ich spaziere weiter, da taucht plötzlich der kleine Massud auf und stellt sich mir als »Fremdenführer« vor. Ich schätze ihn auf etwa dreizehn oder vierzehn Jahre. Wir machen ein bisschen Small Talk auf Farsi, und der Knabe aus dem Quartier begleitet mich und erklärt mir, warum an den extrem niedrigen Holztüren der Häuser zwei Arten von Türklopfern hängen: ein ringförmiger für Frauen, der einen hellen Klang erzeugt, und ein quaderförmiger, der einen dunklen Klang hervorruft und von Männern benutzt wird. »Wenn jemand klopft, wird im Hause sofort hörbar, welches Geschlecht der Besucher hat.« Dann können sich die Frauen, falls nötig, verhüllen, bevor sie die Tür öffnen.

Hin und wieder huscht eine Katze über einen Lehmbogen zwischen den Häusern. Yazd ist vor allem für zwei Dinge berühmt: Lehmhäuser und Windtürme, die über die Dächer der Gebäude hinausragen. Diese sogenannten *Bādgir* sind eine geniale Erfindung, denn in den Wüstenstädten kann es sehr heiß werden. Wenn die sengende Sonne die Mittagshitze im Sommer auf bis zu vierzig Grad treibt, fangen diese Türme jede noch so kleine Luftbewegung ein. Der kühle Wind wird durch die *Bādgir* in die Häuser hinabgeleitet, während die angestaute Wärme aus dem Inneren nach oben entweichen kann. Mithilfe dieser einfachen Konstruktion kann ein Unterschied von bis zu zwanzig Grad gegenüber der Außentemperatur erreicht werden. Die Windtürme sind die ältesten Klimaanlagen der Welt, und sie funktionieren völlig ohne künstlich erzeugte Energie.

In einer Gasse duftet es herrlich nach frischem Brot. In einer Bäckerei wird gerade gebacken. Kinder mit teilweise bis zu zehn Fladenbroten auf dem Arm kommen uns entgegen und verschwinden in der nächsten Gasse. In dieser Stadt scheint es keine Eile zu geben, alles wirkt ruhig und beschaulich.

In Yazd lebt auch die größte Zoroastrier-Gemeinde des Landes. Da die Zoroastrier neben Erde, Luft und Wasser auch das Feuer respektieren, bauten sie Tempel zur Aufbewahrung der heiligen Flamme. Ihr zentrales Heiligtum – der Feuertempel Bahram – ist ein modernes Gebäude, dessen Säulenportal vom geflügelten Symbol der Zoroastrier gekrönt wird. Im Inneren des 1940 neu errichteten Bauwerks gibt es nicht viel zu sehen, außer ein paar Stelltafeln mit Fotos und Texten – und eben ein loderndes Feuer. Dennoch strömen täglich zahlreiche Familien, Schulklassen und Touristengruppen hierher. Ausgebildete Priester sind dafür verantwortlich, dass die Tempelflamme immer brennt. Nur mit dem Holz eines bestimmten Baumes wird sie entfacht.

»Seit Jahrhunderten brennt dieses Feuer«, erzählt mir Massud. Im ewigen Feuer und Licht sehen die Zoroastrier das Sinnbild des höchsten Gottes Ahura Mazda.

Ich verabschiede mich wieder von meinem Fremdenführer, natürlich nicht ohne mich für seine ausführlichen Erklärungen zu bedanken. Als ich ihm noch ein paar Tuman-Scheine in die Hand drücke, lächelt er und macht sich davon.

Ich fahre mit dem Bus zu dem Heiligtum Tschak Tschak. Ein weiterer Feuertempel, etwa sechzig Kilometer außerhalb von Yazd. Der Name rührt von einer Felsenquelle her, deren Wasser ständig in eine Höhle tropft: *tschak, tschak*. Hier treffen sich die Anhänger der Lehre Zarathustras regelmäßig zu Beginn des Sommers. Sie kommen aus aller Welt in diesen kleinen Ort, beten, feiern, trinken und essen. Heute sind aber nur wenige Besucher gekommen. Es ist heiß, und der Weg über die steile Treppe zum Heiligtum hinauf ist beschwerlich.

Der Legende nach fand der Sassaniden-König Yazdegerd III. in Yazd Zuflucht und gab der Stadt ihren Namen. Durch ein Bronzetor geht es hinein ins Heiligtum, einen eher schlichten, nicht sehr großen Raum. Ein paar Sitzgelegenheiten, ein Becken für Räucherstäbchen, in der Mitte das heilige Feuer, welches permanent brennt. Es sind drei Flammen, die »gutes Denken, gutes Reden und gutes Handeln« symbolisieren. Grundsätze der Lehre Zarathustras.

Nach meinem Ausflug nach Tschak Tschak begebe ich mich an den südwestlichen Stadtrand von Yazd – zu den Türmen des Schweigens. Ein schmaler, etwas steiler Weg führt hinauf zu den lehmfarbenen Bauten. Darin wurden die Leichen der verstorbenen Stadtbewohner und der Menschen aus der Umgebung, in Tücher gehüllt, den Geiern zum Fraß überlassen. Kamen die Angehörigen von weiter her, übernachteten sie in Gästehäusern auf dem Gelände vor den Türmen.

Bis 1970 hielt sich dieser Brauch, dann untersagte der letzte Schah das zoroastrische Bestattungsritual – aus hygienischen Gründen. Seither beerdigen die Zoroastrier ihre Toten auf dem Friedhof zu Füßen der Schweigetürme, in Betonkästen. So schützen sie die Erde vor der Verunreinigung durch Leichen. Eine seltsame Stille liegt auf dem riesigen Staubfeld vor den Begräbnisstätten. Die Geier sind verschwunden, aber die mystische Stimmung ist geblieben.

Auf der Insel der kleinen Freiheiten

Taillierte Mäntel, hochhackige Sandalen, rot lackierte Fingernägel, das Kopftuch rutscht: Auf Kisch im Persischen Golf weht ein anderer Wind als in der Millionenmetropole Teheran. Obwohl die Insel zur Islamischen Republik gehört, nehmen sich die Iranerinnen hier ihre Freiheiten.

Ich laufe die Strandpromenade entlang, als mir eine junge Frau auf dem Fahrrad entgegenkommt. Ich schätze sie auf Anfang zwanzig. Sie trägt einen kurzen Mantel, ihr Kopftuch ist heruntergerutscht und zeigt ihr langes, blond gefärbtes Haar.

Während ich die ganze Zeit damit beschäftigt bin, meine Kopfbedeckung zurechtzurücken, sehen die Iranerinnen auf der Insel Kisch im Persischen Golf die Sache etwas lockerer. Obwohl die iranische Insel zur Islamischen Republik gehört, loten die Iranerinnen ihre Grenzen aus: Bodenlange schwarze Tschadors sind hier definitiv nicht üblich. Stattdessen sieht man taillierte Mäntel, die gerade bis über den Po reichen, und die Kopftücher sind lockerer gebunden oder eben ganz verschwunden. Die Frauen greifen auf der Insel noch tiefer in die Schminkkiste als sonst in Iran: knallrote Lippen, pechschwarze Wimperntusche, dickes Make-up. Gefängnisse gibt es nicht, und die Iranerinnen scheinen zu wissen: Es gibt hier auch keine Sittenwächter. Und wenn ihnen doch ein Polizist über den Weg laufen sollte, dann drückt der Beamte meistens ein Auge zu.

»Man kennt sich untereinander«, erzählt mir Nasrin, die Fahrradfahrerin, während sie ihr buntes Seidentuch noch ein bisschen weiter über den Haaransatz zurückschiebt. Begeistert zeigt sie auf ihre rot lackierten Fußnägel in den Flip-Flops. »Wir können hier richtig Spaß haben und ausgelassen feiern!« Fröhlich klatscht sie in die Hände und jubelt der Band zu, die im Freiluftrestaurant am Strand persische Liebeslieder spielt. »Das ist toll, diese Art von Livemusik gibt es bei uns zu Hause in der Stadt nicht.«

Sie macht mit zwei Freundinnen Urlaub auf der Insel. Ihre Ehemänner sind auf dem Festland geblieben und kümmern sich um die gemeinsamen Kinder, erklärt sie lachend.

In den Restaurants der großen Hotels tanzen Frauen und Männer zu iranischer Popmusik – bis morgens um eins. Auf Kisch gibt es nichts, was es nicht gibt: Tauchen, Schnorcheln, Jetski, Tennis, ausgedehnte Fahrradtouren sowie Kamelreiten für die Kleinen – was meine Tochter Mina übrigens bei unserer letzten Iran-Reise begeistert ausprobiert hat –, zehn Minuten für umgerechnet zwei Euro fünfzig.

Partyboote mit Lichterketten und Discosound fahren die Küste entlang; die Gäste sitzen auf Glasböden und können während der Ausflugsfahrt die Korallenriffe und farbenfrohe Tierwelt betrachten. Mit einer Liftanlage werden die Wagemutigen auf Wasserskiern über das Meer gezogen – die Stunde kostet hundert Euro. Und wer tauchen möchte, kann das in einer der Tauchschulen auf Kisch machen. Frauen müssen allerdings einen orangefarbenen Umhang tragen, denn ein eng anliegender Neoprenanzug gilt als zu anzüglich.

Die Insel im Süden ist eine Freihandelszone und das iranische Urlaubsparadies. Die sonnensüchtigen und freiheitsliebenden Touristen reisen aus allen Teilen Irans an. Hier nehmen sich die wohlhabenden Iraner eine Auszeit von ihrem stressigen Stadtleben. Schon in den Siebzigern verlustierten sich die reichen Perser auf Kisch. Auch der letzte Schah, Mohammad Reza Pahlavi, wusste die Insel zu schätzen und lud gern bekannte Weltstars in seinen Winterpalast ein. Angeblich ließ er außerdem junge Mädels aus Paris einfliegen. Auf seinen Auftrag hin entstanden Luxushotels, Shopping-Malls und ein Kasino, das nach dem Machtantritt der Mullahs zum »Shayan International Hotel« umgebaut wurde. Der Plan des Schahs war, aus Kisch eine mondäne Ferienwelt zu machen. Es sollte eine Glitzerwelt nach dem Vorbild von Las Vegas entstehen. Eine Landebahn wurde gebaut, auf der sogar die Concorde starten und landen sollte – besetzt mit den Reichen und Schönen aus London, Paris oder New York.

Doch bekanntlich kam alles anders: 1979 wurde der Schah gestürzt, und mit der Islamischen Revolution hatte das freizügige, süße Leben zunächst ein Ende. Alle Etablissements wurden dichtgemacht. Partys, Glücksspiel, Alkohol, Tanzen, all das war mit einem Schlag verboten. Fortan galten auch für die Insel Kisch die islamischen Vorschriften. Die Insel fiel in einen Dornröschenschlaf. Erst 1989, nach dem Ende des iranisch-irakischen Krieges, wurde sie wieder zum Leben erweckt. Alkohol ist zwar auch hier strengstens verboten, dennoch gibt es – wie überall auf dem Festland – geschmuggelte Ware zu kaufen.

Entlang der acht Kilometer breiten und sechzehn Kilometer langen fast ovalen Insel gibt es traumhafte Strände. Das Meer um Kisch ist meist türkis, das Wasser so samtweich, fast ölig, und klar, dass man die farbenprächtigen Fische auch von der Wasseroberfläche aus beobachten kann. Der Sand ist so fein, dass er unter den Füßen kitzelt, wenn man barfuß den Strand entlangläuft. Wegen seines glasklaren Wassers, seiner unberührten Korallenriffe und seiner fisch- und perlenreichen Küsten nennen die Iraner das knapp neunzig Quadratmeter große Eiland von jeher »Die Perle des Persischen Golfs«.

Der Titel bescherte Kisch frühen Ruhm. Als Marco Polo im 13. Jahrhundert den kaiserlichen Hof in China besuchte und die Perlen einer Frau des Kaisers bewunderte, wurde ihm der Überlieferung zufolge berichtet, die Juwelen kämen von der Insel Kisch. Heute tauchen die Fischer nur noch für die Touristen nach Perlen. An der ruhigeren, dem Festland zugewandten Küste kann man 200 bis 300 Meter ins Meer waten und die Korallenriffe bewundern; das Wasser ist bis dahin nicht tiefer als einen Meter.

Einen Nachteil gibt es allerdings: Männer und Frauen dürfen nur getrennt baden. Der Damenstrand liegt im Norden, in der Nähe des Hafens, und wird durch meterhohe Wellblechwände von neugierigen Blicken abgeschirmt. Hinter dem Zaun liegen die weiblichen Gäste an einem der herrlichen Sandstrände, oft im knappen Bikini, und sie singen, rauchen und lachen. Der Herrenstrand befindet sich kilometerweit entfernt im Osten.

»Alles streng geregelt, top gepflegt«, sagte mir mein Mann nach einem Badetag. Am Eingang wird man(n) von einem Kassierer freundlich begrüßt. Umgerechnet zwei Euro kostet der Eintritt. Der Standard ist europäisch: Die Umkleidekabinen sind sauber, für die persönlichen Sachen gibt es Schließfächer. Nach dem obligatorischen Duschen betritt man den knallheißen Strand, das Wasser hatte im Oktober noch 29 Grad, und wie immer in Iran waren die wenigen männlichen Badegäste ausgesprochen freundlich und stellten höfliche Fragen. Der Versuch, die zehnjährige Mina mit einzuschleusen, misslang jedoch, sie musste zum Damenstrand am anderen Ende der Insel.

Ein privater, abgetrennter Strand an der Südostseite der Insel, wo westliche Touristen gegen Bezahlung auch gemischt baden konnten, ist zwischenzeitlich geschlossen worden. Wer dennoch gemeinsam baden möchte, der mietet sich ein Boot und fährt zu einer der nahe gelegenen Korallenbänke.

Jährlich kommen etwa eine Million Besucher, vor allem Iraner, die auf Kisch dann bis Mitternacht zollfrei einkaufen können: WMF-Bestecke, Gucci-Kleider oder Nike-Schuhe –

in einer der prachtvollen Shopping-Malls mit Namen wie »Paradies eins« oder »Paradies zwei«. Elektrische Geräte sind zehn bis zwanzig, alle anderen Waren bis zu vierzig Prozent günstiger als auf dem Festland. Übernachten kann man in einem von insgesamt fünfzig Hotels, siebzehn weitere sind in Planung. Nicht weit vom Flughafen entfernt liegt das Fünf-sternehotel »Dariush«; es ist der von Darius I. erbauten und von Alexander dem Großen zerstörten Stadt Persepolis nachempfunden. Durch einen Garten Eden mit künstlichem See, Amphitheater und Tennisplätzen gelangt man zu einem strahlend weißen Gebäude mit einem gigantischen Säulen-eingang, der an das »Tor der Nationen« in Persepolis erin-nert. In einem nahe gelegenen Park stehen 5000 Palmen, die extra vom Festland auf die Insel transportiert wurden. Exo-tische Vögel aus aller Welt wurden eingeflogen, knapp sech-zig verschiedene Arten: Pelikane, Aras, Störche, Tukane, Schwäne und Pinguine. Im Green-Tree-Park stehen die ältesten Bäume der Insel, die übrigens ohne Eintritt besich-tigt werden können.

Entlang der Straßen von Kisch sind zahlreiche Palmen gepflanzt und gepflegte Blumenbeete angelegt. Arbeiter in goldgelben Overalls schneiden und säubern Blatt für Blatt, fegen die Bordsteine und mähen den Rasen – alles sieht aus wie geleckt. Die Pflanzen werden künstlich bewässert, dadurch duften die Blumen, Bäume und Sträucher. Mitten auf den Verkehrsinseln stehen riesige Skulpturen, von Künst-lerhand gefertigt. Polizisten regeln den Verkehr, wenn es überhaupt etwas zu regeln gibt, denn schneller als sechzig Kilometer pro Stunde darf eh niemand fahren, auf den gro-ßen Straßen höchstens achtzig. Ampeln sucht man vergebens, auf der gesamten Insel gibt es keine einzige. Am Abend erleuchten bunte Lichterketten die Insel.

Zur Jahrtausendwende nahmen reiche Investoren viel Geld in die Hand und wollten Kisch zu einem Ferienparadies ähnlich wie Dubai machen: exzessiv, luxuriös, teuer. Doch der gigantomanische Traum zerplatzte. So musste unter anderem das Megaprojekt »Flower of the East« nach einigen Jahren stillgelegt werden. Der 28-stöckige und 114 Meter hohe Hotelturm in Form einer Lotusblüte sollte nach dem »Burj al Arab« in Dubai das zweite Siebensternehotel der Welt werden – eine Mischung aus persischem Flair und westlichem Luxus. Doch während am gegenüberliegenden Ufer des Persischen Golfes in Dubai und Abu Dhabi eine riesige Metropole für die Reichen und Schönen entstand, wurde auf Kisch das ein oder andere Projekt eingestampft.

Zum Glück vielleicht, denn nun setzt man stärker auf das nationale Kulturerbe als auf den puren Luxus. Der Münchner Geschäftsmann Mansur Hosseini zum Beispiel hat vor einigen Jahren ein archäologisches Projekt wieder zum Leben erweckt: Eine mehr als 2000 Jahre alte unterirdische Zisternenstadt. Dort wurde früher unter zwei Kuppeln, gekühlt durch Windtürme, Süßwasser für die Bewohner der Insel gesammelt, gereinigt und gespeichert. Überall sind riesige versteinerte Korallen zu sehen, durch die das Wasser seinerzeit gefiltert und sogar in die arabischen Nachbarländer exportiert wurde. Die ältesten Korallen sind laut einem deutschen Gutachten bis zu 570 Millionen Jahre alt. Die hydraulischen Wassersysteme schlängeln sich unter der Erde durch eine Reihe von Röhren. Die Zisternenstadt sieht aus wie ein U-Bahntunnel, liegt vierzehn Meter tief und ist etwa

10 000 Quadratmeter groß. Ihre Decken sind acht Meter hoch und über und über von Fossilien, Muscheln und Korallen bedeckt. In diese alte Struktur hinein wurden Restaurants, traditionelle Teehäuser, ein Amphitheater, Konferenzzentren und sogar eine Kunstgalerie gebaut. Gleichzeitig haben die Entwickler auch die uralte Funktion der Zisterne nicht vergessen: Inzwischen wird dort wieder Wasser gefiltert, um die zahlreichen Pflanzen zu bewässern. Es ist ein guter Ort, um der täglichen Hitze auf der Insel – im Sommer kann es schon mal vierzig bis fünfzig Grad heiß werden – zu entkommen. In der unterirdischen Stadt herrschen angenehme Temperaturen zwischen 22 und 25 Grad und bieten willkommene Abkühlung.

Besonders die jüngeren Iraner aus reichen Familien verbringen gerne mal ein verlängertes Wochenende auf Kisch, um dem strengeren Korsett des Festlandes zu entfliehen. Dann machen sie Radtouren über die Insel auf einem der gut ausgebauten Fahrradwege, so wie Nasrin und ihre Freundinnen. Ein 45 Kilometer langer Radweg führt entlang des Ufers einmal um ganz Kisch herum. Frauen und Männer umrunden auf Mountainbikes gemeinsam die Insel. »In Teheran können wir wegen der schlechten Luft nicht so gut Rad fahren«, erzählt Nasrin. »Auch deshalb kommen wir regelmäßig her.«

Von der Hauptstadt liegt die Ferieninsel nur anderthalb Flugstunden entfernt. Täglich gibt es Flüge von und nach Teheran, Isfahan oder Schiras – für siebzig Euro. EU-Bürger können über Dubai einreisen, das Visum wird direkt am Flughafen ausgestellt und gilt für vierzehn Tage, allerdings nicht auf dem Festland. Wer nach Kisch möchte, das sei gesagt, braucht genügend Bargeld in der Tasche, denn Kreditkarten werden auch hier nicht akzeptiert. Wichtig ist zudem ein gut funktionierender Kreislauf, da es mit den hohen Temperaturen und einer Luftfeuchtigkeit von siebzig bis achtzig Prozent für den Strand gelegentlich zu heiß wird.

Ich persönlich halte mich wie die meisten Iraner dann gern in einer der Shopping-Malls auf. Die riesigen Einkaufszentren sind klimatisiert, die Marmorböden blank gewienert, in der Politur spiegeln sich die Farben und Lichter wider, endloslange Spiegel lassen alles größer wirken.

An einem dieser heißen Tage komme ich mit Banafscheh ins Gespräch, die ein Modegeschäft betreibt und meinen Eindruck bezüglich der lockeren Lebensart auf der Insel bestätigt.

»Die Iraner lieben Kisch«, sagt sie. »Hier können sie Spaß haben, entspannen und durchatmen. Für viele Iraner ist der Lebensstil auf der Insel wie ein Ventil.«

Warum die Machthaber hier ein Auge zudrücken, weiß sie nicht. Vielleicht damit die Iraner ihr Geld im eigenen Land ausgeben und nicht zum Einkaufen oder für die Ferien ins Ausland reisen, vermutet die zierliche Frau mit den dunklen Mandelaugen.

Die Geschäfte sind voll mit westlichen Produkten – hier gibt es alles zu kaufen, was das Herz begehrt. Riesige Plakatwände mit Werbung für Nutella fallen mir ins Auge, daneben ein Geschäft mit ausschließlich deutschen Produkten. Überraschungseier, Milka-Schokolade und Darboven-Kaffee stapeln sich in den Auslagen eines Süßwarenladens. In einem Modegeschäft tragen die Schaufensterpuppen wie im Westen eng anliegende Tops und jugendliche Markenjeans.

Es kommen aber auch viele ältere Leute in den Wintermonaten hierher, erzählt Banafscheh. Von Oktober bis März herrscht ein sehr angenehmes Klima, während es im Norden Irans schon viel Schnee geben kann. Was für europäische Rentner Mallorca ist, wo es sich wunderbar überwintern lässt, ist für die Iraner die Insel Kisch.

Überall herrscht eine ruhige, gelassene Stimmung. Laisser-faire allenthalben. Was nicht zuletzt daran liegt, dass die meisten Inselbewohner ausdrücklich keinen Wert auf reiche Besucher aus den arabischen Nachbarstaaten legen. Auf Kisch siegt die iranische Kultur bisher noch über den Wunsch nach wirklich großen Geschäften.

Inzwischen sind die Temperaturen draußen etwas angenehmer geworden, und ich gehe abermals die Strandpromenade entlang, setze mich auf einen hölzernen Steg und beobachte durch das glasklare Wasser ganze Schwärme von bunten Fischen. Am Strand spielen kleine Kinder, bewerfen sich gegenseitig mit dem feinen, glitzernden Sand und lachen vor Freude. Zwitschernde Schwalben fliegen am Himmel ihre Runden, die Sonne geht langsam unter und taucht das Meer in ein rot glühendes Farbenspiel.

Urlaubsparadies in der Straße von Hormus

Von der Hafenstadt Bandar Abbas aus geht es mit einem Schnellboot auf die Insel Qeschm, die größte im Persischen Golf und ebenfalls eine Freihandelszone wie das Eiland Kisch. Ich kaufe ein Ticket für umgerechnet fünf Euro und steige in das kleine Schiff. Etwa alle zehn Minuten legt eins ab, immer dann, wenn es voll ist. Das Boot schlängelt sich zwischen den großen Frachtschiffen hindurch. Die Wirtschaftskrise hat auch im größten Hafen Irans ihre Spuren hinterlassen, denn die meisten Schiffe dienen jetzt als Lager. Anscheinend ist es momentan wirtschaftlicher, Öl zu lagern, als es zu verkaufen. Um die dreißig Prozent des weltweiten Erdölgeschäfts werden durch diese geopolitisch wichtige Straße transportiert. Die Meerenge zwischen Iran und dem in Sichtweite liegenden Oman ist seit Jahren ein Brennpunkt der Weltpolitik.

Wer aus dem Smog der Großstädte herauskommt, genießt die Seeluft. Das Gewässer ist ruhig und glatt wie eine Tischoberfläche. Gerade schwimmen rund zwanzig Delfine im Wasser neben uns her – zur großen Freude der Touristen an Bord.

»Nur wenn ganz viele Tümmler in einem Schwarm zusammenkommen, trauen sie sich dicht an die Boote heran, manchmal lassen sie sich sogar streicheln«, erzählt mir ein Fischer.

Nach etwa vierzig Minuten erreichen wir den Hafen von Qeschm. *Qeschm* bedeutet lange Insel; schmal und lang gezogen liegt sie in der Straße von Hormus, vor der iranischen Küste. Die Insel ist durch verschiedene Naturgewalten entstanden: tektonische Plattenverschiebungen, Wasser und Wind.

»Die Menschen kommen gern hierher, auch wenn die touristische Infrastruktur noch ausbaufähig ist«, erzählt mir Mitra aus Bandar Abbas. Sie ist ebenfalls auf dem Boot; zusammen mit ihrem Freund Payam macht sie einen Dreitagestrip über die Insel. Sie fragen mich, ob ich sie nicht ein wenig begleiten möchte. Ich sage nicht Nein, schließlich waren die beiden schon öfter auf Qeschm.

Wir machen zunächst einen Abstecher in die Hafenstadt Bandar-e Laft. Ein bezaubernd schönes Dorf; eingeklemmt zwischen Persischem Golf und schroffem Fels, ist es seit Jahrhunderten unverändert. Lehmhäuser, niedrige Türen, enge Gassen, Windtürme, die kühle Luft in die Häuser leiten, Minarette. Wir besichtigen einen Wasserspeicher, eine alte portugiesische Festung und antike Brunnen. Noch wichtiger als die Sehenswürdigkeiten ist für die meisten Touristen das Shoppen. Auch hier fallen mir die riesigen Einkaufszentren auf.

»Trotz Kaufkraftverlust der iranischen Währung herrscht Bauboom auf der Insel«, erwähnt Payam.

Mehr als eine Million Quadratmeter Verkaufsfläche sollen hier in den nächsten Jahren entstehen, dazu Wohnungen und Hotels. Bei der Verwaltung der Freihandelszone Qeschm glaubt man an den Aufschwung – doch vorerst ist daran nicht zu denken. Nach den jahrelangen Sanktionen und seit US-Präsident Trump europäische Firmen davor gewarnt hat, mit Iran Geschäfte zu machen, ziehen sich viele Unternehmen von der Insel zurück. Von Siemens, das hier mal den Service für Ölpumpen betrieben hat, ist nur noch das Firmenschild übrig geblieben.

Während meine neuen Bekannten auf der Insel bleiben, begebe ich mich abends wieder auf das Boot und fahre zurück. Ich möchte noch ein wenig eintauchen in die quirlige Hafenstadt Bandar Abbas, die benannt ist nach dem persischen König Schah Abbas I. Die Stadt ähnelt Teheran: Auch hier ist wieder Vorsicht angesagt, will man die Straße überqueren. Die Autos schieben sich durch die Stadt, Stoßstange an Stoßstange.

Die Hafenstadt ist die größte Irans, ein expandierender Betonmoloch – zerstört in dem acht Jahre andauernden Golfkrieg, hat man sie in Windeseile wieder aufgebaut. Allein ein Spaziergang über den lebhaften Markt in Ufernähe lohnt sich. Einige der Marktfrauen tragen die für die Region typische, farbenfrohe Tracht und verdecken ihr Gesicht mit einer bunten Gesichtsmaske aus Stoff. Es sind Bandari, Bewohner der Golfregion – die einzigen Farbtupfer im sonst dunklen, tristen Hidschab-Sumpf in den ländlichen Regionen Irans. Infolge der langen Geschichte der Schifffahrt im Persischen Golf haben sich die einzelnen Kulturen und Religionen hier in einer Art Melting Pot vermischt. Deshalb ist dieser schmale Meeresstreifen eine der wenigen Regionen in Iran mit einer mehrheitlich nicht schiitischen Bevölkerung. Die Stadt an sich gefällt mir nicht so sehr – aber ihre Bewohner!

Wüsten aus Sand und Salz

Nun, es ist nicht schwer, in Iran Wüsten zu finden – das halbe Land besteht aus nichts anderem. Bereits südlich des Elburs-Gebirges im Norden Irans beginnt die Dascht-e Kawir. Meist fährt man mit dem Jeep oder Quad einfach direkt durch den Sand oder über ausgetrocknete, schneeweiße Salzseen.

Ich träume. Vor meinen geschlossenen Augen schimmert der weiße, feine Sand der großen Wüste. Es ist unerträglich heiß, die Hitze wiegt schwer auf meinem Körper. Schweißperlen liegen auf meiner Haut. Ein Dutzend Kamele zieht des Weges, ganz allmählich stapfen sie mit ihren langen, schlanken Beinen durch den weichen Sand. Sie kommen näher. Ihre Nüstern sind verschlossen, Sandkörner hängen in ihren buschigen, schwarzen Wimpern. Am Horizont wächst eine Oase. Je näher ich mich herantaste, desto größer werden die

Palmen, an denen riesige Trauben von Datteln hängen. Aus einer Quelle plätschert Wasser. Meine Zunge fühlt sich pelzig an vor Durst. Ich versuche zu trinken und öffne die Augen. Die Oase löst sich vor meinem inneren Auge auf.

Stattdessen sitzen wir in einem Jeep, zusammen mit unseren iranischen Freunden. Wir sind auf dem Weg in die Dascht-e Kawir – die große Salzwüste. Sie liegt eingebettet zwischen dem schneebedeckten Elburs-Gebirge im Norden und dem Zāgros-Gebirge im Westen. Unsere Route führt uns zunächst in den Nordwesten Irans. Dort liegt der Urumia-See, der nach dem Toten Meer der zweitgrößte Salzsee der Erde ist. Allerdings ist der See in großer Gefahr, denn er droht vollständig auszutrocknen. Überall ist nur noch Salz. Das Wasser hat sich inzwischen Hunderte Meter vom früheren Ufer entfernt, und von dem ehemals prächtigen See ist nicht viel mehr übrig als die bizarren Salzformationen, die das Gewässer hinterlassen hat.

Am Ufer liegen Schiffe, die gestrandet sind. Wir fahren mit unserem Jeep eine schmale Straße hinab über eine dicke Salzschicht und gelangen zu einer kleinen Bucht. Dort sind einige weiße Buden aufgebaut, wo Tee, Kaffee und Snacks verkauft werden. Wir parken unser Auto und laufen ein paar Schritte. Frauen mit Umhang und Kopftuch suhlen sich im Wasser, die Männer und Kinder sind nur mit einer Badehose bekleidet. Angeblich soll das salzhaltige Wasser gesund für den Körper sein, und ich kann nicht widerstehen und kremple meine Hosenbeine hoch. Bis zu den Knien wate ich ins Wasser – der Salzgehalt ist so hoch, dass es sich wie Matsch anfühlt. Aber ob das nun wirklich gesund ist? Na ja, denke ich, schaden kann es auf keinen Fall.

Bis vor wenigen Jahren hatte der See eine Oberfläche von fast 6000 Quadratkilometern und war damit etwa zehnmal größer als der Bodensee.

»Damals konnten die Bewohner der umliegenden Städte und die Touristen hier baden, Motorboote fuhren über den See«, erzählt Jusuf.

Er wohnt in Urumia und betreibt eine der Buden, verkauft Tee und Gebäck. Eine Straße beziehungsweise ein fünfzig Kilometer langer Damm mit einer Brücke führen quer durch den See. Der Übergang wurde Mitte der 1990er-Jahre gebaut, so sparen die Autofahrer zwischen Täbris und Urumia rund neunzig Minuten. Gleichzeitig stoppt das Bauwerk jedoch die Wasserzirkulation zwischen der Nord- und der Südhälfte des Sees. An die Badeorte erinnern nur noch verrottete Hinweisschilder. Inzwischen ist die Fläche des Sees auf ein Drittel geschrumpft, die durchschnittliche Wassertiefe von einst sieben Metern ist auf höchstens zwei Meter gesunken. Salzbedeckte Felsen, die tief unter der Wasseroberfläche lagen, ragen nun aus dem Boden.

Vor allem Staudämme und illegale Brunnen haben dazu geführt, dass der See in den vergangenen Jahren immer weiter schrumpfte und sich an den ausgetrockneten Stellen Salzwüsten bildeten. Fast zwei Milliarden Kubikmeter Wasser wurden abgezweigt – für die Industrie, die Landwirtschaft, die wachsende Bevölkerung, die Stromerzeugung. Auch der Klimawandel trägt zur Katastrophe bei: Die Temperaturen in der Region stiegen in den vergangenen Jahren nicht nur immer weiter, es regnet auch seltener. Das Wasser des Sees verdunstet, im restlichen See ist die Salzkonzentration auf mehr als 300 Gramm pro Liter gestiegen, das Achtfache des Meerwassers.

Für die Menschen in der Region sind die Folgen katastrophal. Das viele Salz dringt in das Grundwasser ein und zerstört Felder und Naturpflanzen. Und auch der Tourismus ist betroffen, der für viele Anwohner eine wichtige Einnahmequelle war und ist. Zahlreiche Besucher verbrachten am See ihren Urlaub, der als Erholungsgebiet und Kurort geschätzt wurde.

Infolge der fortschreitenden Austrocknung droht auch das einzige Lebewesen auszusterben, das ausschließlich im Urumia-See existiert: *Artemia urmiana* – ein Salzwasserkrebs. Die Krebse sind beliebt bei den Wandervögeln; Pelikane, Flamingos und andere Arten suchen sich einen Rastplatz und stillen ihren Hunger mit den kleinen Krabbeltieren.

Das wirklich Ungewöhnliche an dem Urumia-See ist, dass er sich im Sommer verfärbt. Im April schimmert das Wasser noch grün, doch einige Monate später bekommt es eine rote Farbe, wenn der Salzgehalt am höchsten ist. Was genau die Gründe für die Verfärbung sind, ist noch nicht erforscht. Wissenschaftler vermuten, dass Algen und Bakterien dafür verantwortlich sein könnten. Damit nicht noch mehr Schaden angerichtet wird, hat die iranische Regierung unter Präsident Rohani die Rettung des Binnensees zur Chefsache erklärt. Mithilfe deutscher Wissenschaftler und Experten soll der See – oder das, was von ihm übrig geblieben ist – gerettet werden. Leider konnte Rohani bisher keine Erfolge erzielen.

Nach unserem Bad im Salzsee fahren wir weiter in Richtung Saveh – eine Stadt mit etwa 200 000 Einwohnern. Sie liegt am Rande der Wüste, etwa 140 Kilometer südöstlich von

Teheran. Die Strecke dorthin ist gut ausgebaut. Es geht durch eine karge, öde Landschaft, und nach etwa sieben Stunden sind wir da. Am Ortseingang stehen an den Straßenrändern riesige Holzkisten, in denen leuchtend rote Granatäpfel aufgetürmt sind; die Früchte sind das Markenzeichen der Stadt, die früher Regierungssitz war. Noch im Oktober herrschen hier am Rande der Salzwüste dreißig Grad, und der süße Saft der roten Kerne schmeckt köstlich.

Saveh ist eine religiöse Stadt – viele Frauen tragen hier den traditionellen Tschador und ein Kopftuch. Einen Kilometer vom Zentrum entfernt liegt die Freitagsmoschee, in der sich die Gläubigen regelmäßig zum gemeinsamen Gebet treffen. Die Moschee wurde im 12. Jahrhundert erbaut und gehört zu den wertvollsten Baudenkmälern aus der Seldschuken-Zeit. Die Seldschuken waren eine türkische Fürstendynastie; ihr Reich erstreckte sich über Mittelasien, Iran, Irak, Syrien, Anatolien und Teile der Arabischen Halbinsel. Während ihrer Herrscherzeit war Saveh mehrfach Winterresidenz der Sultane. Leider ging während der mongolischen Eroberung Anfang des 13. Jahrhunderts der größte Teil der Bibliothek verloren, die zu den bedeutendsten des Mittleren Ostens gezählt haben soll. Und noch ein interessantes Detail: Einer Legende nach sollen die Heiligen Drei Könige von Saveh aus zu ihrer Reise nach Jerusalem und Bethlehem aufgebrochen sein.

An der alten Seidenstraße

Nach einer Nacht in dem einzigen Zweisternehotel der Stadt machen wir uns weiter auf den Weg durch die Dascht-e Kawir. Sie ist keine Wüste im klassischen Sinn mit hohen Sanddünen, ihr Reiz besteht vielmehr in der Vielfältigkeit der Landschaft. Ausgedehnte trockene Hochflächen wechseln sich ab mit hohen Bergen, dann wieder sehen wir von Erosion und Auswaschungen geformte Hügel, dazwischen kleine fruchtbare Oasen.

Entlang der großen Wüsten Dascht-e Kawir und Dascht-e Lut verlief früher die alte Seidenstraße. Schon der Klang dieses Namens weckt Bilder von Wüsten, schneebedeckten Gipfeln, staubigen Straßen. Über den Gebirgspass brachten die Karawanen einst Gold, Porzellan, kostbare Seidenstoffe und andere exotische Waren aus China über Bagdad bis nach Europa. Die Seidenstraße hat viele Relikte wie Zitadellen, Burgen, Schutzwälle, Bewässerungssysteme, Wüstendörfer und Karawansereien hinterlassen. Über viele Jahrhunderte waren die Oasen Persiens wichtige Stationen auf dieser Route, und Schah Abbas I. ließ die Wege im 16. Jahrhundert ausbauen und neue Unterkünfte errichten, auch in der Nähe der größeren Städte. In den Karawansereien traf sich alles, was im Handel Rang und Namen hatte. Dort wurden auch Versprechungen gemacht, etwa: Wenn du mir dieses und jenes lieferst, dann gebe ich dir meine zweite Tochter, die besonders schön ist, zur Frau.

Heute säumen die Ruinen der mit steinernen Mauern befestigten Herbergen die wenigen asphaltierten Straßen. Teilweise sind diese Zeitzeugen der Geschichte noch gut erhalten. Wir fahren über eine Buckelpiste direkt auf eine dieser Karawansereien zu – eine quadratische Festung mit vier Ecktürmen, ganz schlicht aus gebrannten Lehmziegeln im orientalischen Stil gebaut. Durch ein großes Tor mit maurischen Eingangsbögen gelangen wir in den Innenhof, um den arkadengesäumte Gebäudeteile stehen. Der Kies knirscht unter unseren Schuhen. Vom Hof aus geht es in verschiedene Räume. Im Erdgeschoss waren Ställe für Tiere und Läden untergebracht, oben die Quartiere für Durchreisende. Während die Tiere unten in den schattigen Bereichen blieben, stiegen die Herren über Treppen nach oben und schliefen im ersten Stock in den Räumen, die sich hinter den Arkaden rund um den Innenhof reihen.

Auch heutzutage können in manchen dieser Karawansereien Zimmer gemietet werden. Die Besucher schlafen wie vor fast 460 Jahren in einzelnen Nischen, mit einer Matratze auf dem Boden – nur durch einen Bretterschlag oder einen Vorhang voneinander getrennt. Die Räume sind alle sehr spartanisch eingerichtet, den Boden bedecken einige Teppiche. Die Gäste können picknicken, sich ausruhen oder auch beten.

Wir entschließen uns dazu, unseren Weg fortzusetzen. Es geht über eine schmale, steinige Piste. Etwas weiter entfernt schimmert es weiß, als ob es geschneit hätte. Es ist Salz, das stellenweise an der Oberfläche kristallisiert und hart geworden ist. Auch bei der Wüste Dascht-e Kawir handelt es sich um den Überrest eines ausgetrockneten ehemaligen Binnenmeeres. Die Flüsse der umliegenden regen- und schneereichen Gebirge ergossen sich mit ihrer Fracht aus verwitterten Gesteins- und Salzmaterial in dieses Binnenmeer. Durch die

Verschmutzung lagerte sich Salzschicht für Salzschicht am Boden ab. Deshalb ist es am Rande der Wüste auch eher steinig und salzig. Die Menschen haben später in die umliegenden Berge Brunnen gegraben, aus denen ein wenig Wasser fließt. Sie reichen bis in die Grundwasserschicht und sammeln zusätzlich Schmelz- und Regenwasser. Durch schmale, unterirdische und kilometerlange sogenannte Qanate wird das gewonnene Wasser durch die Wüste in die Karawansereien und die Städte geführt, beispielsweise nach Yazd.

Ein weiteres architektonisches Juwel an der Seidenstraße ist Kaschan. Außerhalb Irans ist die Stadt kaum bekannt, doch das dürfte sich bald ändern, denn Kaschan ist in doppelter Hinsicht eine Attraktion – wegen ihrer Baudenkmäler und wegen ihres betörenden Duftes. Mehr als 600 Jahre lang bot die Altstadt von Kaschan Schutz vor der sengenden Sonne und dem Wüstensand. Früher war die Stadt einer der blühendsten und aktivsten Orte Irans mit zahlreichen Manufakturen, die glasierte Keramik und Fliesen sowie besondere Teppiche mit außergewöhnlichen Blumenmustern in kräftigen roten, warmen Farben herstellten. Der persische Name für Fliese (*Kashi*) leitet sich tatsächlich vom Namen der Stadt ab. Den Einwohnern von Kaschan wird nachgesagt, wegen der äußerst trockenen Luft besonders hohe Stimmen zu besitzen. Angeblich sollen deshalb die berühmtesten Sänger Irans aus Kaschan stammen. Kuppeln, Türme und bizarre Erdpyramiden überragen die Stadt. Dieses Gewirr aus Tausendundeiner Nacht ist größtenteils aus Lehmziegeln gebaut – vor einigen Tausend Jahren um eine sprudelnde Quelle herum.

In Kaschan, das komplett von Wüste, Sand und Dürre umgeben ist, herrschen nur zwei Jahreszeiten – der Sommer und ein kurzer, zarter Frühling, der lediglich zwei Monate dauert. Während dieser kurzen Zeit füllt sich die Luft mit dem Duft blühender Rosen. Im Sommer ist es dermaßen heiß, dass die Bewohner tagsüber meist in ihren Häusern bleiben und erst abends, wenn die Hitze etwas nachgelassen hat, auf die Straße gehen. Die Stadt ist komplett überdacht, um der sengenden Sonne, der extremen Hitze und dem Wüstensand zu entkommen. Die Dächer der einzelnen Häuser sind so angebracht, dass sie sich gegenseitig berühren und überlappen, sodass es möglich wäre, auf den Dächern von einer Seite der Stadt zur anderen zu laufen.

Die rund 300 000 Einwohner leben vor allem von der Rosenernte. Nicht weit entfernt, knapp dreißig Kilometer südlich, liegt Qamsar, wo in der eher kargen und spröden Gebirgsgegend mit ihrem trockenen, im Sommer knackig-heißen Wüstenklima diese wunderschönen Blumen angebaut werden. Kaum zu glauben! Aus den Blüten wird Rosenwasser hergestellt, welches ich übrigens oft und gern auch zum Kochen oder Backen benutze. In den Läden in Kaschan werden Rosenmarmelade und Süßigkeiten mit Rosenessenz angeboten – und eine besonders exotische Erfrischung: Eis mit Rosengeschmack.

Im Südwesten Kaschans stoßen wir auf eine der ältesten Gartenanlagen des Landes: Den Fin-Garten. Eine Oase wie eine Fata Morgana mit Wasser und Grünflächen. Ihr Entwurf diente als Vorbild für die Gestaltung zahlreicher Parkanlagen in der muslimischen Welt. 2011 wurden neun dieser traditionsreichen persischen Schmuckstücke zum UNESCO-Weltkulturerbe erklärt. Der Fin-Garten verbindet architektonische Elemente aus der Safawiden-, Zand- und Kadscharen-Zeit, und mit seinen zahlreichen alten Bäumen, Fontänen, Becken und Wasserläufen zählt er zu den schönsten und berühmtesten Gärten überhaupt. Schon Johann Wolfgang von Goethe ließ sich vom iranischen Dichter Hafis inspirieren und schrieb in seinem *West-östlichen Divan* über die persischen Gärten:

> »*Grabet Euer Feld ins zierlich Reine,*
> *Dass die Sonne gern den Fleiß bescheine;*
> *Wenn ihr Bäume pflanzt, so sei's in Reihen,*
> *Denn sie lässt Geordnetes gedeihen.*
> *Auch dem Wasser darf es in Kanälen*
> *Nie am Laufe, nie an Reine fehlen.*«

Schah Abbas I. ordnete 1587 den Bau des Fin-Gartens rund um seine Residenz an. Er wünschte sich eine Anlage, die dem Vorbild der im Koran beschriebenen Gärten folgte: eine Allegorie des Paradieses. Das heilige Buch des Islams erwähnt vor allem die vier Flüsse aus Wasser, Milch, Wein und Honig. Ihnen nachempfunden sind die Wasserläufe, die den Fin-Garten heute in vier getrennte Rechtecke unterteilen. Die zwei Hektar große Fläche des Gartens ist von Außenmauern umgeben. Wasser fließt rings um den Garten und unterteilt ihn in eine Vielzahl von kleinen Parzellen. Die Besucher dürfen ihre Füße darin baden, seine Frische genießen, während sie der Musik lauschen, die aus den Lautsprechern ertönt.

Wasser in der Wüste

Nach einer kurzen Abkühlung fahren wir weiter mit dem Jeep über sandige, kleine Hügel. Weit und breit nur endlose Wüste. Ab und zu ein paar knorrige Sträucher, die aus der Erde ragen. Die Dascht-e Kawir ähnelt teilweise einer Mondlandschaft – schwarz gebrannte Felsen, Salzlachen und aufgerissene Bodenflächen, die von den wenigen Anhöhen aus wirken, als würde die Erde unter der Glut der Sonne platzen. Wir wollen in der Wüste übernachten und suchen einen Platz, um unsere Zelte aufzuschlagen. Der Sand ist ganz weich, deshalb brauchen wir keinen Hammer, um die Stangen in die Erde zu bekommen. In einer Pfanne auf dem Gasbrenner braten wir Eier, dazu gibt es den typisch iranischen Reis. Nachdem alle gegessen haben, wird das Geschirr wieder abgewaschen. Apropos Wasser! Wer eine Wüstentour plant, sollte pro Tag einen Vorrat von fünf Litern pro Person einplanen.

Nach dem Abendessen setzen wir uns alle um ein kleines Feuer, für das wir knorrige Sträucher gesammelt haben. Die knisternden Flammen wärmen, denn es ist Oktober, und da kann es in der Wüste nachts schon mal auf fünfzehn Grad abkühlen. Zwei meiner Freunde spielen auf der Tombak und der Setar, zwei typisch iranischen Musikinstrumenten, und wir singen gemeinsam persische Liebeslieder.

Die Jugendlichen verbringen gern das Wochenende in der Wüste, insbesondere die Frauen, die sich hier frei bewegen können. Man ist in einer anderen Welt. Es fühlt sich an, als gäbe es keine Grenzen, niemand stört.

Inzwischen ist es spät geworden, ich lege mich schlafen. Am nächsten Morgen wache ich auf und schaue aus meinem Zelt. Vor mir eine unendliche Weite. Am Horizont geht langsam die Sonne auf, die Wolken sind rötlich gefärbt – ein wundervolles Farbenspiel. Nach dem Frühstück bauen wir unsere Zelte wieder ab und machen uns auf den Weg entlang der Seidenstraße.

Die Wüsten machen etwa ein Fünftel Irans aus und haben zusammen eine größere Fläche als Deutschland. Umso überraschender wirkt die wunderbare Oasenkette entlang der Seidenstraße, die durch das Qanatensystem entstanden ist. Schnurgerade zieht sich eine Reihe von Hügeln durch die Landschaft, als hätten dort Maulwürfe gewütet. Etwa 125 000 Kilometer soll das Netz der Schächte in Iran umfassen – eine gigantische Kulturleistung, die von hier aus ihren zivilisatorischen Siegeszug über die Oasen der Seidenstraße bis in die Randgebiete der Wüste Gobi antrat.

Auf unserer Fahrt durch die Wüste geht es über die Bergpässe und vorbei an Nomadenstämmen. Hier lernen wir eine ganz andere Seite Irans kennen: Das ländliche, »primitive« Leben. Etwa 77 Kilometer von Kaschan entfernt in der Provinz Isfahan liegt einsam und verlassen das Dorf Abyāneh in den Bergen. Allein der Weg mit dem Auto dorthin ist wundervoll und bietet eine einmalige Kulisse: Über eine schmale Landstraße geht es vorbei an grasgrünen Feldern.

Das Dorf ist kompakt, mit engen und schrägen Gassen, die Häuser – aus rotem Lehm und Stroh, mit vergitterten Fenstern und Holztüren – sind stufenförmig an die Hänge des Karkas-Gebirges gebaut, direkt am Barzrud-Fluss. Abyāneh gehört zu den ältesten Dörfern in Iran und ist vor allem wegen seines einzigartigen roten Farbtons bekannt. Überall rauscht das Wasser, denn es fließen kleine Wildbäche durch das winzige Dorf, in dem etwa 300 Einwohner leben. Der Ort wurde oft als »Eintrittstor« zur iranischen Geschichte bezeichnet, und auch heute tragen die Frauen noch traditionelle Kleidung: einen langen weißen Schal mit farbigem Blumenmuster und einen knielangen, bunten Rock. Die Männer tragen zumeist lange Baggy-Hosen aus schwarzem Stoff. Sogar ihre Sprache (Pahlavi) haben die Einwohner beibehalten.

In den schmalen und steilen Gassen verkaufen die Frauen getrocknete Früchte, Granatapfelsirup, Honig, Kleider, Spielzeug und andere Kleinigkeiten. Und sie bieten – ganz nach meinem Geschmack – die beste *Ash-e-Reshteh* des Landes an. Sie schmeckt etwas säuerlich und ist deshalb vielleicht nicht jedermanns Sache.

Nach einem wunderbar entspannten Nachmittag in dem Dörfchen machen wir uns wieder auf den Weg und bewundern noch einmal das fantastische Panorama. Abyāneh liegt etwas abseits der ausgetretenen Pfade – wer jedoch auf dem Weg in südlicher Richtung nach Isfahan ist, sollte unbedingt einen Abstecher dorthin machen.

Über alle Berge

Zweimal im Jahr wandern die Kaschgai-Nomaden mit Hunderten von Schafen und Ziegen von ihren Winter- zu den Sommerweiden und zurück. Der gefährliche Weg durch das Zāgros-Gebirge im Südwesten Irans führt über 4000 Meter hohe Pässe, an steilen Abhängen entlang und durch enge Schluchten. Es ist ein Überlebenskampf für Mensch und Tier.

Wir fahren stundenlang geradeaus, vorbei an der Atomanlage Natanz, die der Anreicherung von Uran dient. Sie wurde 2002 entdeckt, als die IAEO das iranische Atomprogramm untersuchte. Fotografieren ist hier natürlich strengstens verboten – riesige Schilder mit einer durchgestrichenen Fotokamera weisen schon einige Kilometer vorher darauf hin.

Mittags halten wir an einer Tankstelle und trinken Tee. Etwas weiter entfernt am Wegesrand hat eine Gruppe Kaschgai-Nomaden ihr Zelt aufgebaut. Es steht auf einem satt-grünen Feld, der Himmel leuchtet tiefblau, grell weiß schim-mern die Berge im Hintergrund; die Kulisse wirkt wie ge-malt. Es herrscht absolute Ruhe, kein Motorengeräusch, kein surrender Telegrafenmast, kein Haus weit und breit.

Nomaden in Iran – es gibt sie noch immer, auch im stren-gen Gottesstaat der Ajatollahs. Zwar sind sie Bürger der Isla-mischen Republik, zugleich aber leben sie wie eh und je nach ihren eigenen, fest gefügten Stammesregeln. Ihre loka-len Sprachen haben sie weitgehend beibehalten, Farsi be-herrschen sie meist nur als Zweitsprache. Wie bei vielen Nomaden ist auch bei den Kaschgai die genaue Herkunft ungewiss. Man vermutet, dass sie durch ganz Zentralasien gezogen sind, bevor sie nach Süden abbogen und vor etwa 500 Jahren hier in der Gebirgsfestung Irans Zuflucht gefun-den haben. Mehr als eine Million Kaschgai leben in Iran, aber nur noch wenige von ihnen leben nach der Tradition: Seit vielen Jahrhunderten durchstreifen Nomaden das Land, die Berge und die Wüsten auf der Suche nach den besten Weideplätzen. Ihre etwa zwanzig Kilo schweren Zelte ferti-gen sie aus Ziegenhaar, und so leicht und luftig diese Behau-sungen auch wirken, sie sind regendicht und sturmsicher. Die Zelte sind offen, damit die Männer Tag und Nacht ein Auge auf ihre Herden haben können.

Zweimal jährlich brechen die Nomaden auf, um ihr Lager zu wechseln. Im Frühjahr wandern die Familien aus den hei-ßen Gebieten am Persischen Golf hinauf zu den Hochtälern des Zāgros-Gebirges, das sich über rund 1500 Kilometer von der irakischen Grenze bis zur Straße von Hormus zieht. Dort findet das Vieh ausreichend Weideland, bis es im Herbst zurückkehrt. Jede Wanderung von den Winter- zu den Sommerweiden und zurück dauert anderthalb bis drei Monate und bedeutet einen wahren Überlebenskampf für Mensch und Tier. Alles muss geschleppt werden: Lebensmittel, Kleider, Kochtöpfe, Zelte, Decken, Medikamente. Wird jemand unterwegs ernsthaft krank, dann wird er mit dem Helikopter ins nächste Krankenhaus geflogen, vorausgesetzt sein Handy funktioniert und er befindet sich nicht gerade in einem Funkloch. Einige wohlhabende Nomaden mieten heutzutage auch ein Fahrzeug, um ihr Gepäck zu transportieren; gerade wenn sie noch kleine Kinder haben. Die Tiere werden dann von einem Schäfer über die Berge gebracht. Den Ärmeren wiederum bleibt nichts anderes übrig, als den langen, beschwerlichen Weg zweimal im Jahr zu Fuß zu gehen.

Wegen der schwierigen Lebensbedingungen sinkt auch in Iran die Zahl der nomadisch lebenden Menschen rapide. Heute gibt es schätzungsweise nur noch ein paar Tausend »aktive« Nomaden.

Wir treffen Neda, sie gehört zu den Kaschgai und lebt schon viele Jahre mit der Gruppe. Die Frauen tragen weit schwingende Volant-Röcke in vielen Schichten übereinander. Gefärbte Wolle liegt zum Trocknen aus. Neda sitzt über einen Webrahmen gebeugt und knüpft einen Kelim, einen Wandteppich mit geometrischem Muster. Meist dauert es ein halbes Jahr, bis ein solcher Teppich fertig ist, trotzdem bekommt sie auf dem Basar gerade einmal 200 Euro dafür. Auch die Preise für Schafe und Ziegen sind stark gesunken. Die Nomaden leben von den Erträgen ihrer Herden, von der Milch, dem Fleisch und von der Wolle. Aus der Schafswolle werden Teppiche gewebt, aus dem Ziegenhaar Zelte und

Kleider gefertigt, und aus der Haut werden Taschen genäht. Vor dem Zelt steht ein Holzgestell mit zwei starken Pfählen, dazwischen hängt ein mit Milch gefüllter Schafsbalg. Eine Frau schaukelt den Lederbeutel unermüdlich hin und her, so lange, bis Butter daraus wird. Neda presst Kirschen und kocht daraus Tee auf einem Gaskocher.

»Das sind biologische Früchte, also unbehandelte. Ich wasche sie erst mit der Hand, dann tue ich sie in die Tee-kanne und lasse sie ein wenig im Wasser ziehen.«

Neda füllt etwas von dem Tee in kleine Gläser zum Pro-bieren. Er schmeckt sehr fruchtig und intensiv.

Ihr Sohn ist derzeit im Internat. Er möchte später in Isfahan studieren.

»Früher sind die Kinder mitgewandert, inzwischen möch-ten sie lieber sesshaft sein und eine richtige Schule besu-chen«, erzählt sie und sieht uns mit ihren blauen Augen an.

Zunächst wandern die Kleinen noch mit – dank mobi-lem Unterricht ist dies auch möglich. Die Nomadenkinder lernen im Rahmen der obligatorischen Primarschule Lesen und Schreiben. Wer eine bessere Schulbildung möchte, so wie Nedas Sohn, der verlässt seine Familie und geht aufs Internat in Chelgard – ein kleiner Ort knapp 200 Kilometer westlich von Isfahan. In den Wintermonaten, wenn sich die Familie auf der anderen Seite des Berggipfels befindet, sind die Kinder dann auf sich allein gestellt. Viele litten unter der Trennung von den Eltern, sagt Neda, sie hätten Heimweh, fühlten sich einsam und allein, seien traurig und deprimiert. Dies sei einer der Gründe, warum immer mehr Nomaden sesshaft werden. Und wer einmal Stadtluft – beispielsweise während des Studiums – geschnuppert habe, sei nicht mehr bereit, die Strapazen des Nomadenlebens auf sich zu nehmen.

»*Cheili kam shode*«, sagt Neda immer wieder: Es sind sehr wenige geworden. Sie schüttelt den Kopf, auf dem sie ein gelbes Seidenkäppchen trägt. Ihre feuerrot gefärbten Strähnen quellen hervor, vom Hinterkopf fällt das Haar in langen, schwarzen Zöpfen herab. Finger und Fußnägel hat sie mit Henna gefärbt. Ihr Mann Hassan trägt einen Filzhut, ein Hemd, weite Hosen und ein Gewand – um die Hüften einen langen, breiten Stoffschal von vier bis fünf Meter Länge. Er ist groß gewachsen, von kräftiger Statur, und hat scharf geschnittene Gesichtszüge, dunkle Haare, einen Stoppelbart und einen dunklen Teint.

Hassan ist gerade erst mit einem Teil der Herden angekommen. Nach und nach treffen auch die anderen Nomaden ein. Die Esel und Maultiere schleppen schwer an den Zelten und dem Hausrat, der sich auf ihrem Rücken türmt – Pfannen, Töpfe, Schlafmatten. Mitten im Pulk laufen Esel, aus deren Satteltaschen die Köpfe neu geborener Lämmer und Geißen schauen. Völlig unbeeindruckt schieben sich die Schafe an uns vorbei, um der Herde zu folgen. Die Tiere werden über Berge und durch Schluchten und Täler getrieben, in Tagesetappen von fünfzehn bis zwanzig Kilometern. Diese Viehtriebe laufen seit Jahrhunderten in gleichbleibendem Rhythmus ab, immer denselben Routen folgend. Schon die Allerkleinsten machen die Wanderung mit. Fest eingewickelt in einem Tuch, wird ein Baby auf dem Rücken seiner Mutter getragen.

Vor einem Zelt sitzt eine Frau mit Wangen, die so rot sind wie ihre rot geblümte Bluse. Mit kräftigen Armbewegungen knetet sie einen Brotteig. Ihre Mutter rollt daraus große Fladen und legt sie in eine gewölbte Pfanne, unter der ein Holzkohlenfeuer brennt. Nach ein paar Minuten hält jeder von uns ein knuspriges, herrlich duftendes Brot in der Hand. Dazu wird ein salzig schmeckendes Joghurtgetränk aus Schafsmilch gereicht. Es hat einen strengen Geschmack und erinnert mich ein wenig an Kefir, den ich schon als Kind getrunken habe – mein Vater und ich haben ihn geliebt.

Als wir uns wieder verabschieden, möchte ich von Neda wissen, wie sie über die Zukunft der Nomaden denkt.

»Nomadische Kaschgai wird es immer geben, aber sie werden irgendwann alle mit dem Auto fahren. Vielleicht schon in zwanzig oder dreißig Jahren ist Schluss mit dem Wandern.«

Touristen können übrigens bei den Nomaden übernachten – ganz spartanisch mit Matratze und jeder Menge warmer Wolldecken bestückt, denn in der Wüste kann es je nach Reisezeit auch sehr kalt werden. Was nicht nach Urlaub klingt, ist tatsächlich fantastisch: Nachts spürt man eine unglaubliche Ruhe, nichts bewegt sich, alles ist still. Nur sonore Grunzlaute sind ab und an zu hören – es sind die Rufe von Kamelen.

Quo vadis, Iran?

Iran und Saudi-Arabien kämpfen um die Vorherrschaft im Nahen Osten. Die Rivalität hat weniger religiöse als strategische und wirtschaftliche Gründe. Beide Staaten wollen als Führungsmacht der islamischen Welt gelten. Nach dem Bruch des Atomabkommens durch die USA rücken auch Israel und Saudi-Arabien enger zusammen.

Gemeinsam mit den Amerikanern drohen sie Iran offen mit Krieg. Der saudische Thronfolger Mohammed bin Salman hat sich Israel angenähert und soll dem jüdischen Staat einen Geheimbesuch abgestattet haben. Israel seinerseits hatte zur Zeit von Präsident Obama schon den Befehl zum Angriff auf Iran gegeben, der dann nicht stattfand, weil Obama klarmachte, dass er keine Schützenhilfe leisten würde.

Inzwischen wird in den USA wieder von Kriegsplänen und *Regime Change* geredet. Mit Trumps Schwiegersohn, dem Nahost-Beauftragten Jared Kushner, hat ein frommer Jude großen Einfluss, bei dem der umstrittene israelische Premier Netanjahu schon mal über Nacht zu Gast ist. Dazu passend soll der saudische Prinz mit seinen guten Beziehungen zu Trumps Schwiegersohn angegeben haben.

Alles in allem entsteht also eine zunehmend gefährliche Situation für Iran. Aber es gibt auch Entwicklungen, die Hoffnung machen und gegen einen völkerrechtswidrigen Krieg vonseiten des Trios USA, Israel und Saudi-Arabien sprechen. In Saudi-Arabien hat der Thronfolger Mohammed bin Salman einige Probleme. Nachdem sein Königshaus den Widerstand gegen Israel jahrzehntelang zum Grundsatz erhoben hatte, ist eine offene Parteinahme für den jüdischen Staat der Bevölkerung nur schwer zu vermitteln. Die Amerikaner unter Trump wiederum scheuen weltweit generell ein direktes Eingreifen ihrer eigenen Truppen, und der israelische Geheimdienst Mossad warnt die eigene Regierung seit Jahren vor einer Konfrontation mit Iran. Nicht zuletzt wohl deshalb, weil man nach einem Angriff auf Jahrzehnte etwa achtzig Millionen Schiiten in Iran plus zwanzig Millionen in Irak gegen sich hätte. Nicht nur der Nahe und Mittlere Osten, sondern auch Europa hofft, dass nicht weiter Öl ins Feuer gegossen wird und sich darüber ein Funke entzündet.

Die wirtschaftliche Lage in Iran bleibt schwierig. Allerdings: Die von Präsident Trump verhängten Sanktionen sind für das Land nichts Neues. Im Kabinett von Rohani sitzen recht erfahrene Wirtschaftsexperten, die vermutlich auch dieser Herausforderung gewachsen sein werden. Anfang 2015 hatte sich – zur Überraschung der Weltöffentlichkeit – Iran in

Lausanne mit der internationalen Gemeinschaft in Sachen Atomvertrag geeinigt. Das Land sollte seine Urananreicherung zurückfahren und sein Atomprogramm überwachen lassen; im Gegenzug würden die Sanktionen sukzessive abgebaut werden. Als die Nachricht vom Durchbruch der Verhandlungen eintraf, tanzten in Iran die Menschen bis tief in die Nacht auf den Straßen.

Iran hielt und hält sich weiterhin an die Vereinbarungen des Atomabkommens; das hat die internationale Atomaufsichtsbehörde in Wien mehrfach bestätigt. Mit der Einigung war ein drohender Angriff Israels auf die iranischen Atomanlagen abgewendet worden. Die Angst unter der Bevölkerung war groß – schließlich sind die Bilder des achtjährigen Irak-Iran-Kriegs noch in vielen Köpfen präsent, die Spätfolgen noch allgegenwärtig. Sowohl die iranische Politikelite als auch die Bevölkerung fürchten eine kriegerische Auseinandersetzung. Die umstrittenen Raketentests gelten als Zurschaustellung der eigenen Verteidigungskapazitäten, wobei man wissen muss, dass Iran über kein militärisches Fluggerät verfügt und die Raketen somit das einzige Verteidigungsgerät sind. Die Rüstungsausgaben Irans betragen gerade einmal ein Zehntel von denen des Rivalen Saudi-Arabien. Die von den USA vorgetragene Forderung, neben dem Verzicht auf Nuklearwaffen auch das Raketenprogramm einzuschränken, ist für die Iraner angesichts der sie umzingelnden Atommächte und hochgerüsteten arabischen Nachbarländer nicht wirklich verhandelbar.

Gleichzeitig kann die junge Generation mit dem eigenen konservativen Regime und den Werten der Islamischen Revolution immer weniger anfangen. Die blumigen Bilder an den großen Straßen, auf denen die gefallenen Märtyrer aus dem Irak-Krieg der Achtzigerjahre zu sehen sind, wirken auf die iranischen Teenager ebenso befremdlich wie auf ausländische Touristen. Die Euphorie nach dem Atomabkommen war groß, tatsächlich geschah jedoch wenig, und die Unruhe wächst.

Ein Experte des Verbandes Deutscher Maschinen- und Anlagenbau sprach in der *Welt* von »Boom-Schwätzern« und erklärte, dass Nachfrage und Interesse zwar groß seien, die Umsetzung sich jedoch oft schwierig gestalte. Vor allem die Banken fühlten sich weltweit auch nach dem Ende der Sanktionen noch von den USA bedroht und verweigerten die Finanzierung der Handelsgeschäfte.

Ich kann die Enttäuschung im Land nachvollziehen. Die Unternehmer rechneten im ersten Jahr mit mehreren Hundert Prozent Zuwachs und mussten sich dann mit dreißig Prozent begnügen. Keine der großen deutschen Geschäftsbanken wollte gegen die schärferen US-Regeln verstoßen, um die eigenen Perspektiven in den USA nicht zu gefährden. Es bleibt zu hoffen, dass es der EU, China und Russland gelingt, den Sanktionsprozess zu kompensieren und die desolate Wirtschaft Irans in Schwung zu bringen.

»Die Revolution kam zustande, weil Frauen auf die Straße gegangen sind. Auch heute werden wir siegen, wenn die Frauen an die Urnen gehen. Wir wollen keine Geschlechterdiskriminierung, wir akzeptieren keine Gewalt aufgrund des Geschlechts«, sagte Rohani in seiner Rede am Wahltag im Jahr 2013. »Der Fortschritt Irans liegt in Forschung, Technologie und Zusammenarbeit mit der Welt.«

Sicherlich gibt es mächtige Kräfte in der Islamischen Republik, die nichts mehr fürchten als eine Öffnung nach außen. Revolutionsführer Ajatollah Ali Khamenei ist der starke Mann Irans, der den Kurs in allen wichtigen politischen und gesellschaftlichen Fragen des Landes setzt. Dennoch hat sich die Bevölkerung zu keiner Zeit von der Welt und der Orientierung in Richtung Westen abgewandt. Tatsächlich waren es vor allem die Frauen, die Rohani ihre Stimmen gegeben haben. Überall ist deutlich zu spüren, wie sehr man sich Europa verbunden fühlt, insbesondere den Deutschen.

Mehr als die Hälfte der achtzig Millionen Iraner sind unter dreißig. Sie ringen regelrecht um einen Austausch mit anderen Ländern. Die Jugend ist modern, sehr gebildet und weltoffen. Mehr als dreißig Jahre hat die Bevölkerung unter den internationalen Sanktionen gelitten – davon hat man nun endgültig genug.

Ebenso an der Grenze des Erträglichen bewegt sich die soziale Ungerechtigkeit im Land. Im Norden Teherans leben auch rund vierzig Jahre nach der Revolution noch viele Reiche und Neureiche, die in ihren Porsches, BMWs und Land Rovern demonstrativ die Valiasr-Straße hinauf und hinunter fahren. Eine Minderheit in Iran besitzt immensen Reichtum, während ein großer Teil der Bevölkerung in bitterer Armut lebt.

Immer wieder spüre ich in Gesprächen mit meinen Freunden und Bekannten den Wunsch, dass die historischen Handelsbeziehungen des Landes doch wieder zum Leben erweckt werden sollen. Die Voraussetzungen wären auf den ersten Blick ideal. Iran hat eine geringe Staatsverschuldung, besitzt die zweitgrößten Gasvorkommen und die viertgrößten Ölreserven der Welt – es ist also trotz Korruption und Misswirtschaft ein reiches Land mit Potenzial.

Die junge Bevölkerung hofft inständig auf eine Verbesserung der wirtschaftlichen Beziehungen, auf Reformen und neue Perspektiven für die Zukunft. Die Stimmung im Land lässt sich vielleicht als eine Mischung aus Sehnsucht und Optimismus beschreiben, typisch iranisch: dem Leben zugewandt. Es wäre tragisch, wenn die Welt diese Zuwendung zurückwiese – der Tourismus ist ein wesentlicher Faktor auf dem Weg zur wirtschaftlichen Erholung und zu einem liberaleren Gemeinwesen. Mit anderen Worten: Buchen Sie gleich morgen einen Flug nach Iran!

Danksagung

Ich bin meinen Freunden und Bekannten in Iran, die teilweise in diesem Buch eine Rolle spielen, zutiefst dankbar für ihre Hilfsbereitschaft und Offenheit. Außerdem gebührt meiner Freundin und NDR-Kollegin Sabine Hausherr besonderer Dank, denn sie hat mich dazu animiert, dieses Buch zu schreiben.

Ich möchte mich aber vor allem auch bei meinem Lektor Matthias Teiting für seine vielen hilfreichen und klugen Tipps bedanken und bei Verena Pritschow vom Piper Verlag für ihr Vertrauen in meine Arbeit und ihren Zuspruch.

Und natürlich bei meinem Mann Martin K. Burghartz und meiner Tochter Mina für ihre Geduld und bei meiner lieben Mutter für ihre vielen Erzählungen von damals, die mir halfen, meine Erinnerungen mit den ihren zu verknüpfen.